Introducción al Asesoramiento Pastoral de la Familia

Introducción al Asesoramiento Pastoral de la Familia

Jorge E. Maldonado

ABINGDON PRESS / Nashville

INTRODUCCIÓN AL ASESORAMIENTO PASTORAL DE LA FAMILIA

ISBN 0-687-03726-3
ISBN 978-0-687-03726-1

08 09 10 11 12 13–13 12 11 10 9 8 7 6 5
HECHO EN LOS ESTADOS UNIDOS DE NORTEAMÉRICA

A Noris, *la compañera de mi vida,*
cuyo apoyo y agudeza mental han
hecho que mis ideas no sean tan vagas.

A mis hijos *Nancy, Natalie y*
Juan Andrés, porque me han enseñado
lo que significa ser familia.

Contenido

Prefacio 9

Introducción 13

I. El consejo pastoral en el sigo XXI:
   Algunas reflexiones del camino 19

II. Algunas presuposiciones básicas:
   La plataforma desde la que operamos 43

III. La relación de pareja:
   El eje de las relaciones familiares 59

IV. El desarrollo conjunto de la familia:
   Un laberinto con sentido 81

V. Familias saludables:
   La meta de nuestro trabajo 97

Apéndices

A. Un modelo de asesoramiento pastoral
   eficaz 115

B. El entrenamiento de asesores
   familiares 123

C. Bibliografía de terapia familiar en
   español 129

Prefacio

No cabe duda de que a principios del siglo XXI la familia se encuentra en crisis. Los síntomas son muchos, y no hay que repasarlos aquí, pues son de todos conocidos (y por muchos, en carne propia). En todo caso, quienes analizan esa crisis sugieren una variedad de causas. Según algunos, la crisis de la familia se debe a la pérdida de los antiguos valores morales que servían de base a la vida familiar. Si tal es el caso, lo que hay que hacer en respuesta a la crisis de la familia es volver a inculcarles a las nuevas generaciones los valores que para muchos son cuestión del pasado; valores como la fidelidad, la castidad, la responsabilidad, la obediencia, y otros más. Otras personas sugieren que la crisis tiene raíces sociales y económicas, que se remonta a la desaparición de la familia extensa, que ha sido sustituida ahora por la familia nuclear, que se limita a los padres y los hijos. Según esta explicación, lo que antaño le daba solidez a la familia nuclear era su apoyo en la familia extensa, y por tanto, según esta última, va perdiendo fuerza debido a la movilidad de las personas en la era industrial, también pierde fuerza la familia nuclear. Si tal es el caso, lo que hay que hacer en respuesta a la crisis de la familia es, o bien restaurar la antigua familia extensa —lo cual se hace muy difícil en el mundo contemporáneo— o bien buscar otras instituciones —quizá la congregación local— que puedan ofrecerle a la familia nuclear el contexto y el apoyo que ha perdido al desaparecer la familia extensa. Otras personas piensan que todo se debe al materialismo contemporáneo, cuando las gentes piensan que el éxito en la vida consiste en tener más cosas y ganar más dinero, y por tanto no queda tiempo que dedicarle a la labor de construir los lazos familiares. Si tal es el caso, lo que hace falta es reorganizar nuestras prioridades, estar dispuesto o dispuesta a ganar menos, y a tener menos, a fin de tener más tiempo y energía que dedicarle a la vida familiar.

No cabe duda de que todas estas explicaciones son parcialmente correctas. Pero quizá haya que ir más a lo profundo para encontrar las raíces de la crisis familiar; o al menos, para encontrar sus raíces a la luz de la visión cristiana de la vida y de sus propósitos. En el libro que ahora sale a la luz pública, el Dr. Jorge Maldonado señala muy acertadamente que la relación de pareja no llega a su culminación sino cuando pasa de las etapas románticas, y hasta de las de mayor intimidad, para llegar al momento en que su propósito es darse a los demás como pareja: darse juntos a los demás. Y, por extensión, lo mismo resulta de una familia saludable. Aunque en cierto sentido la familia tiene fines de protección mutua y de producción para sí misma, la familia verdaderamente saludable sabe que está ahí para contribuir algo al resto de la comunidad, a esa familia más extensa que es la humanidad.

Si llevamos todo esto al campo de la doctrina cristiana y la reflexión teológica, vemos que la idea misma de la familia, y sobre todo de su propósito, tiene sus raíces en nuestra visión de Dios. Así lo expresa un bello himno por el argentino Julián Zini, en el que tras cada estrofa se repite el estribillo: «Y es que Dios es Dios familia, Dios amor, Dios Trinidad. De tal palo tal astilla, somos su comunidad». Lo que este estribillo indica —junto a lo mejor de la tradición cristiana— es que Dios mismo existe en comunidad. Dios es único, y sólo uno; pero no es uno en aislamiento y soledad, sino que es uno de tal modo que aun en Dios mismo hay comunidad, hay comunicación, hay Padre, Hijo y Espíritu Santo.

El ser humano, hecho a imagen de este Dios trino, de este Dios comunidad, no puede ser verdaderamente humano sino en comunidad. Y esa comunidad básica en la cual nuestra humanidad se forja es, ante todo, la familia. La familia no es sencillamente el resultado de nuestra necesidad de apoyarnos mutuamente para encontrar alimento y abrigo. La familia no es solamente una unidad de producción. La familia, sobre todo, es el contexto en el cual nos formamos, y en el cual somos verdaderamente humanos.

Es por ello que, aun en este mundo en el que la familia tradicional parece estar en crisis, las gentes buscan y crean otros módulos sociales que vienen a ser como su familia. El humano solitario y solo no es verdaderamente humano, de igual modo que nuestro Dios no es un dios solitario, sino un Dios comunidad. Esta es la base de la visión cristiana de la familia. Como bien dice el himno citado, «de tal palo tal astilla, somos su comunidad».

Pero hay más. Este Dios trino, este Dios familia, no existe solamente para sí mismo, para su comunidad trina, sino que se da por los demás. Si una de las doctrinas típicamente cristiana es ésta de la Trinidad, la otra es la de la encarnación. El Dios trino, el Dios familia, no se contenta con vivir en su cielo, aparte de su creación, mirándola desde fuera, sino que se introduce en la creación que sufre —se hace una de entre sus criaturas— para el bien de esa creación. El Dios familia no vive, como tantas de nuestras familias de hoy, apartado de las familias que le rodean, construyendo cercas y paredes para que no le molesten, sino que se da por la familia humana, y por las familias humanas.

Es por esto que, como claramente lo muestra Maldonado en este libro, la salud de la familia, si bien tiene sus dimensiones internas, es también cuestión de su apertura hacia fuera: hacia el Dios familia que la ha creado y que le muestra el camino, y hacia el resto de la familia humana. La familia, con todo y ser el principal núcleo social, no existe para sí misma. Ya lo muestra el Génesis, donde se habla de cómo una mujer al casarse pasa a ser parte de otra familia; es decir, cómo una familia contribuye elementos para formar otras. Y sobre todo lo muestra el evangelio, en el que el Hijo de Dios se hace nuestro hermano para que nosotros podamos ser también hijos e hijas de Dios, o donde la familia trina se abre para incluir a estas pobres y sufridas criaturas que somos los humanos. En cierto modo —como lo ha expresado el teólogo Karl Rahner— lo que sucede en la encarnación de Jesucristo, y en el hecho de venir a ser nosotros parte de su cuerpo, es que se nos abren las puertas del cielo, que se nos incluye en esa eterna familia que es la Trinidad.

Si tal es el caso, entonces la crisis de la familia tiene que ver, no sólo con la erosión de los valores o con las nuevas circunstancias económicas, sino también con nuestros intentos de ser familias, por así decir, «a puertas cerradas», donde, como se dice frecuentemente, nuestra casa es nuestro castillo, con todas las connotaciones defensivas de un castillo fortificado para que no entren los de fuera.

Es aquí que entra en juego el asesoramiento pastoral a la familia. Si el propósito de tal asesoramiento es fomentar la maturación de las familias, y si esa maturación lleva a una visión en la que la familia, con todo y ser núcleo de amor y de protección, es también fuente de dádivas hacia fuera, entonces lo «pastoral» en este asesoramiento es de importancia fundamental. Lo que el asesoramiento pastoral hace no es sencillamente ayudar a las familias a consolidarse dentro de sí, sino también ayudarlas a consolidarse en el servicio al resto de la familia humana, en ese «darse juntos a los demás» que según este libro es el más alto grado de maturación en la vida de la pareja y de la familia.

Es por ello que el presente libro será de gran valor para las pastoras y los pastores entre nuestro pueblo. Su propósito no es hacerles sicólogos aficionados o *amateurs*, dándoles algunas pistas acerca de cómo ofrecer terapia sicológica sin tener que saber mucho de sicología, sino que es más bien ayudarles a ver cómo su tarea *pastoral* —su tarea de conducir al rebaño a los verdes pastos del servicio a Dios y al prójimo— se manifiesta y se consolida en el asesoramiento a las familias, y cómo esto puede hacerse con integridad tanto sicológica como teológica.

Láncese, pues, el lector o lectora al estudio de este libro, que le será de gran utilidad en la tarea de ayudar a nuestras familias —y a esa gran familia que es la iglesia— a ser reflejo y testimonio del Dios de amor. ¡Y que ese Dios familia, Dios amor, Dios Trinidad bendiga su labor pastoral, y se manifieste en las vidas de cuanta familia esa labor pastoral llegue a tocar!

Justo L. González
Decatur, Georgia
Día de Navidad, 2003

Introducción

$\mathcal{E}$l asesoramiento o consejo pastoral[1] a la familia es parte del ministerio total de la iglesia. Aunque los términos sean modernos, los conceptos no lo son. El cuidado pastoral a las personas y familias ha sido una práctica constante a lo largo de toda la historia de las diferentes comunidades de fe. Sacerdotes, pastores, y laicos sensatos y sensibles han acompañado —por miles de años ya— a personas, parejas y familias en la toma de decisiones en los momentos más importantes de su desarrollo, durante las crisis y en otras ocasiones significativas.

El consejo pastoral es una dimensión especializada del cuidado pastoral.[2] Se ofrece por acuerdo entre el consejero pastoral (clérigo o laico) y la persona, pareja o familia que lo solicita. Está delimitado en el tiempo y, por lo general, tiene metas específicas. Asesorar o aconsejar no es simplemente dar consejos. Más bien es un arte que requiere entrenamiento, supervisión y práctica, no sólo sabiduría. En pocas palabras, el asesoramiento pastoral es el proceso de acompañar —dentro del contexto de la comunidad de fe y a la luz de los valores del reino de Dios— a una persona, pareja, familia o grupo en la búsqueda de alternativas a las ideas, sentimientos, actitudes, conductas y relaciones que les están perjudicando e impidiendo su pleno desarrollo hacia el bienestar, la sanidad, la reconciliación, la justicia y la paz. Como lo explica Daniel Schipani, la meta última del consejo pastoral es que las personas, parejas, familias y comunidades «vivan sabiamente en la luz de Dios».[3]

Los agentes pastorales ejercen diversas funciones para cumplir con su tarea: evangelizan, enseñan, predican, administran, consuelan, exhortan, cuidan, aconsejan, para nombrar unas pocas. Cada una de estas funciones tienen dinámicas propias, utilizan acercamientos específicos, se llevan a cabo en contextos definidos y requieren el manejo de destrezas concretas. El asesoramiento o consejo pastoral no es, por lo tanto, ni el único ni el más importante de los ministerios de la iglesia. Sin embargo, mantiene su especificidad y se distingue del cuidado pastoral en forma significativa por la dirección que toma, las dinámicas que genera y los instrumentos que utiliza. Puesto que no solamente cuidan de las familias sino que también las asesoran, con mucha frecuencia los pastores utilizan estos dos «sombreros» simultáneamente. Sin embargo, esto no quiere decir que esas dos acciones sean idénticas o intercambiables.

Cuando cumplo mi oficio como pastor/cuidador de las familias de mi grey, soy yo quien toma la iniciativa: voy en busca de la oveja descarriada, ofrezco una voz de aliento al desanimado, intervengo en una crisis familiar, sugiero tomar «estos» y no «aquellos» pasos, intercedo por su salud física, emocional y espiritual, procuro la reconciliación y el perdón. Por otro lado, cuando actúo como consejero/asesor/terapeuta, mi papel más bien se define a partir de la iniciativa que la persona, pareja o familia ha tomado. Sólo puedo dar asesoramiento o consejo pastoral cuando las personas están listas, y la señal visible de esto es que solicitan tal ayuda.

Cuando realizo cuidado pastoral soy yo quien «va a su territorio» para servirles en una variedad de formas pastorales (oración, exhortación, enseñanza, consuelo). Cuando ellos toman la iniciativa y buscan asesoramiento o consejo, entonces ellos son los que «vienen a mi territorio». No importa si el encuentro acontece en la oficina pastoral, en el estacionamiento de la iglesia, en el café de la esquina o en su propia casa. Si la iniciativa es de ellos, entonces están involucrados en el proceso; es decir, están listos para el asesoramiento. En ese momento es que podemos utilizar los acercamientos, las técnicas y las herramientas propias de este arte. Si las usamos en una situación de cuidado pastoral —cuando yo he tomado la iniciativa— nos frustraremos y propiciaremos efectos contraproducentes tanto en las personas a quienes ayudamos como en nosotros mismos.

Como en todo, siempre hay una excepción a la regla. Cuando una persona, familia o grupo está en crisis, significa que la pérdida, amenaza o peligro que enfrentan ha desbordado la capacidad de manejo de la persona/familia y que todas sus estrategias habituales han fallado. En una crisis las personas están aletargadas, dolidas, confundidas y muchas veces incapacitadas temporalmente para pedir ayuda. Allí el consejero pastoral puede intervenir, pero no para dar asesoramiento o terapia, sino para trabajar en forma específica para lograr las metas de evitar la muerte, procesar el golpe, elaborar las pérdidas y salir por el camino de la recuperación y el crecimiento.[4]

Este libro, como su título lo indica, se enfoca en este aspecto específico del cuidado pastoral que es el asesoramiento o consejo pastoral. Vale mencionar que en la búsqueda de salud, sanidad, reconciliación y bienestar para las familias de la iglesia y la comunidad, la educación —como un trabajo preventivo/profiláctico— tiene una enorme importancia. Los pastores tienen a los miembros de su iglesia, semana tras semana, dispuestos a escucharles y a seguir su liderazgo. Así pues, cuando en un culto se trata sobre la prevención de la violencia doméstica, la educación sexual de la familia, el enriquecimiento matrimonial, el manejo de las finanzas, u otro aspecto semejante, se puede lograr mucho más que cuando se realiza una sesión de asesoramiento o terapia familiar con un grupo reducido y a veces a última hora. Aunque esto es verdad, el ministerio del asesoramiento pastoral es imprescindible para la iglesia, especialmente en este tiempo cuando las redes de apoyo de la familia contemporánea se han debilitado, las presiones del ambiente circundante son intolerables y las voces que nos quieren orientar son de dudosa procedencia.

Los clérigos tienen un acceso privilegiado a las familias. Son figuras de autoridad que están presentes en los momentos más significativos de la vida familiar (bodas, nacimientos, bautismos, funerales); su relación con los miembros de una familia incluye compartir tanto tiempos de dolor como de alegría; tienen contacto con varias generaciones, e interactúan —de alguna manera— con toda la familia extendida.[5] Por eso, en medio de las muchas voces contemporáneas (psicología, sociología, terapia familiar) que reclaman a la familia como su campo de acción, el asesoramiento pastoral, como un ministerio de la iglesia, tiene un espacio legítimo.

Su ejercicio puede y debe ser una contribución a la comunidad; su acción, un bálsamo en las heridas de la sociedad. El hombre y la mujer contemporáneos saben que más allá de las dolencias físicas que el médico pueda detectar, más allá de las emociones o conductas inapropiadas que el psicólogo pueda diagnosticar, más allá de los males estructurales que el sociólogo pueda señalar, también están las dolencias del alma, las preguntas sobre el ser, las inquietudes sobre el sentido de la vida, los anhelos de eternidad que sólo el agente pastoral —en nombre de Dios— puede responder.

Este trabajo no es un manual de asesoramiento pastoral a la familia o un compendio de técnicas para el consejero cristiano. Se enfoca más bien en los elementos básicos para que un consejero pastoral pueda ejercer con acierto su vocación y llamado. Con esto entendido, en el capítulo 1 expongo los orígenes de nuestra disciplina y la necesidad de afirmarla en el corazón de la misión de la iglesia. En el capítulo 2 elaboro una lista de presuposiciones, a menudo inconscientes, desde las cuales operamos como consejeros. Los capítulos 3 y 4 tienen que ver con el desarrollo conjunto de la pareja y de la familia. A menudo se estudia el desarrollo humano en forma individual, y aunque es apropiado, esto nos deja sin herramientas para trabajar los conjuntos. Ya que la pareja tiene vida propia y representa el eje alrededor del cual se forman las otras relaciones familiares, la considero en primer lugar y le dedico un capítulo aparte. En el capítulo 5 ofrezco algunos criterios que configuran la noción de «familia saludable» como la meta del asesoramiento pastoral. También invito a los consejeros a optar por realizar su intervención de tal manera que construyan sobre los recursos que ya tienen las familias —y sobre la esperanza cristiana— antes que sobre las carencias, que es el enfoque privilegiado por la medicina y la psicología tradicionales. Para finalizar, incluyo tres apéndices: en el primero se describe un modelo de asesoramiento pastoral eficaz, el segundo muestra un programa de entrenamiento para asesores familiares que nació en América Latina, y el último ofrece una bibliografía sobre terapia familiar en español que he venido coleccionando por más de veinte años.

Estoy consciente de que este trabajo es apenas una introducción al tema. Sin embargo, será muy satisfactorio saber que esta obra por lo menos ha servido de estímulo para que nuevas generaciones de consejeros pastorales profundicen y amplíen este campo del saber humano y de la misión de la iglesia.

Quiero expresar mi incapacidad para manejar el lenguaje en forma completamente inclusiva. Por lo general tiendo a hablar del consejero, pastor o asesor en forma masculina. Tengo plena conciencia de que Dios, quien nos creó en igualdad, llama tanto a hombres como a mujeres a este ministerio. Mi perspectiva es que los intentos para escribir del/la pastor/a, consejero/a y asesor/a, o de utilizar ellos para referirse a todos los ministros impiden el fluir de las ideas y de la comunicación escrita. Así pues, se darán cuenta de que a lo largo del libro he optado por utilizar ambos géneros, aunque no siempre logro el equilibrio. De tal modo que cuando primero lean «pastores y ministros» en masculino, y luego «psicólogas, consejeras y terapeutas» en femenino, o viceversa, los lectores intenten pensar que me refiero a ambos géneros. Espero que en este nuevo siglo podamos encontrar formas más adecuadas de comunicarnos eficazmente sin excluirnos.

Agradezco a mis estudiantes en el Centro Hispano de Estudios Teológicos, en el Seminario Teológico Fuller y en la *Vanguard University* por su interés en estos temas. Sus preguntas, sugerencias e inquietudes han sido muy valiosas en el desarrollo de este libro. Mi gratitud también al Dr. Justo L. González y a la Dra. Virginia Loubriel-Chévere por leer el manuscrito y darme sugerencias muy oportunas.

Jorge E. Maldonado
Los Angeles, California
septiembre del 2003

NOTAS

[1] Como acertadamente señala Daniel Schipani —en la introducción al libro *Psicología y consejo pastoral: Perspectivas hispanas* (Decatur: AETH, 1997)— no existe acuerdo ni consistencia en el uso de estos términos. Cada persona tiene su predilección en diversas regiones del mundo hispano parlante y cada término puede prestarse a connotaciones no deseadas. La palabra «aconsejamiento» no está en la última edición del *Diccionario de la Lengua Española* (Vigésima Segunda Edición, 2001). El vocablo «consejería», en el *Diccionario*, significa el lugar en donde funciona el consejo de una corporación administrativa, consultiva o de gobierno. En esta obra usaré *asesoramiento* y *consejo* pastoral en forma intercambiable.

[2] El cuidado pastoral podría ser definido como «todo lo que la iglesia hace para cumplir con la misión de Dios en la tierra». Otra definición es la que ofrece Alastair V. Campbell: «Las actividades de la iglesia que están dirigidas a mantener o restaurar la salud y el bienestar de individuos y comunidades en el contexto de los propósitos redentores de Dios para toda la creación» (ver la entrada de «Pastoral Care», en *The New Dictionary of Pastoral Studies*, editado por Wesley Carr, Grand Rapids: Eerdmans, 2002).

[3] Daniel Schipani, *The Way of Wisdom in Pastoral Counseling*. Elkhart, IN: Institute of Mennonite Studies, 2003, p. 91, 114.

[4] Jorge E. Maldonado, *Crisis, pérdidas y consolación en la familia* (Grand Rapids: Libros Desafío, 2002).

[5] Edwin H. Friedman, *Generación a generación: El proceso de las familias en la iglesia y la sinagoga*. Buenos Aires/Grand Rapids: Nueva Creación/Eerdmans, 1996, p. 19.

I. El consejo pastoral en el siglo XXI:
Algunas reflexiones del camino

Recuerdo haber esperado el año 2000 con un ojo atento a mi familia y con el otro al aparato de televisión, en donde se ofrecía imágenes de algarabía y felicidad de los diversos pueblos que celebraban de manera concatenada el comienzo del nuevo milenio. Sin embargo, esas imágenes contrastaban con un sentimiento generalizado de incertidumbre y pesimismo en el ambiente. Según los historiadores, las actitudes y expectativas frente al nuevo siglo son diferentes a las de nuestros abuelos y bisabuelos cuando ellos esperaban el siglo XX. Ellos recibieron el siglo XX con optimismo, con expectación, con esperanza. Se había descubierto las vacunas y con ellas se activó la esperanza de poner fin a toda enfermedad. Se había inventado los fertilizantes y con ellos se esperaba erradicar el hambre y las guerras. Se pensaba que se había encontrado la clave del progreso, de la evolución, del desarrollo y de la felicidad.

Hoy la humanidad no es optimista. Las razones sobran. En el siglo de las luces, dos desoladoras guerras mundiales se desataron en la Europa «culta» y «cristiana»; la ciencia parece impotente ante el cáncer y el SIDA; en el país más desarrollado del mundo hay niños que tienen acceso a armas automáticas con las que matan a sus compañeros de escuela; el terrorismo amenaza al mundo entero; hay pueblos que se vuelven contra otros pueblos en guerras interminables. La gente ha perdido el optimismo, la confianza, la seguridad, la esperanza. El mundo entero parece haberse tornado pesimista, escéptico, desconfiado, sarcástico.

Vivimos una época inédita en la historia de la humanidad: la post-modernidad. Es importante notar —como lo hacen Samuel Escobar[1] y otros autores— que en algunas partes del mundo actual se vive de forma simultánea la pre-modernidad, la modernidad y la post-modernidad. En la pre-modernidad la gente vivía en un mismo universo y pensaba más o menos lo mismo. La autoridad indiscutible era el Rey, la Iglesia, o una combinación de ambos. Los disidentes terminaban en la excomunión, en la cárcel o en la hoguera. La Ilustración[2] y el Positivismo[3] dieron origen a la edad moderna. En la modernidad, aunque no necesariamente se creían las mismas cosas, todavía se seguía compartiendo el mismo universo. En esa época surgió la creencia de que todo giraba alrededor del ser humano y que el universo podía ser conocido por medio de la razón. Por el contrario, en la post-modernidad ya no se reconoce autoridad ni razón; ya no se dan por sentado principios universales ni valores eternos; no se confía en la ciencia, ni se cree que el mundo pueda ser conocido por la razón. Podríamos decir que con la caída del muro de Berlín, en 1989, también cayeron las utopías y las ideologías, y se abrió el camino para el relativismo moral, el subjetivismo y el hedonismo. Hoy enfrentamos un mundo de experiencias subjetivas, de verdades relativas, de significados propios, de desconfianza y de ironía.

Vivimos también en un mundo globalizado y, al mismo tiempo, tribalizado. La globalización se caracteriza básicamente por la concentración del capital y el poder cada vez en menos y menos manos, por el predominio de lo material y lo tecnológico, por el control que ejerce la esfera financiera (corporaciones) sobre los estados y la sociedad en general, por la degradación del entorno natural en aras de la ganancia monetaria y por la creciente exclusión económica de pueblos enteros. El Fondo Monetario Internacional en su boletín de mayo de 1996 declaró que:

«la globalización [...] es uno de los motores principales del crecimiento [...]. Al permitir una mayor división del trabajo y un reparto más eficaz del ahorro, la globalización se traduce en un aumento de la productividad y del nivel de vida [...]. La competencia internacional eleva la calidad de la producción y aumenta su eficacia».[4]

Estas supuestas virtudes de la economía mundial de mercado se ven desmentidas por los resultados que en realidad ha producido: Se calcula que actualmente hay 800 millones de personas sub-alimentadas; es cierto que la producción ha aumentado pero no así la distribución de los bienes ni la riqueza; el capital se presta a los ricos (el 80 por ciento de las «inversiones en el extranjero» en el año 2000 fueron hechas en Estados Unidos, Europa y Japón); la volátil inversión privada —que se mueve por la avaricia y el temor— ha producido crisis económicas en países y regiones enteras. Paralelo al proceso de globalización también ha aparecido el proceso de la «tribalización» de los grupos humanos que buscan afirmar su identidad, su pertenencia cultural, su religión, su lengua y su etnia. Esto significa que mientras la centralización se impone en el orden mundial, la diversidad y la pluralidad se abren paso como señal de vitalidad y esperanza. Mientras la competitividad y el individualismo prevalecen en la lógica del mercado global, la espiritualidad (incluso en su expresión fanática) y la comunidad se abren paso en las conciencias de los pueblos (frente a la «McWorldización» del mundo aparece también el *Jihad*[5]).

El nuevo «clima terapéutico»

También han surgido nuevas maneras de ver la salud y la vida. Algunos críticos argumentan —con justa razón— que la psicología, por ejemplo, basada en las presuposiciones modernas, no hizo justicia a los asuntos de género, de etnia, de clase social. Por ejemplo, al enfocarse exclusivamente en la familia, la terapia familiar perdió de vista el impacto que las fuerzas globales, sociales y políticas estaban teniendo en la vida individual de las personas; que al ignorar las influencias multiculturales presentes en toda sociedad, los terapeutas familiares —generalmente varones blancos y de clase media— impusieron su estándar de «familia saludable» sobre el resto de la población. Las terapias de la post-modernidad rechazan la noción de que exista un universo objetivamente conocible y se resisten a creer en la capacidad del terapeuta para ser realmente neutral, imparcial y estar libre de prejuicios. También insisten en la existencia de realidades sociales múltiples, que no han sido construidas por leyes universales, sino por el consenso de la gente.[6] Otros van aun más lejos y definen a la terapia como una aproximación colaborativa a nivel del lenguaje, entre una persona que busca ayuda y otra, el terapeuta, que viene de «la tierra del no-saber».[7]

Los cristianos y consejeros pastorales no tienen que ver este nuevo ambiente intelectual en que vivimos de manera pesimista. Los diversos acercamientos, escuelas, teorías y técnicas en el terreno de la salud mental son —y siempre lo han sido— relativos. Las ciencias son aproximaciones a la realidad y nadie puede pretender tener la última palabra sobre el ser humano. El consejero cristiano puede decir afirmativamente que su fe y su vocación no brotan de una ideología particular ni de un marco teórico definitivo, sino de la revelación de Dios en la persona de Jesucristo según las Sagradas Escrituras. El asesor pastoral, sobre esta base, puede afirmar su vocación al servicio de la salud, la salvación, la reconciliación, la plenitud de vida que nos propone el evangelio.

Por otro lado, el hombre y la mujer de hoy están conscientes de que sus males no sólo se resuelven con la exploración de los sentimientos, o la modificación de la conducta, o el mejoramiento de los pensamientos y de sus relaciones interpersonales. También esperan de sus consejeros pastorales una palabra acertada sobre el valor eterno de su existencia, de la posibilidad del perdón y de la reconciliación, de la trascendencia moral de sus actos, de sus responsabilidades espirituales para con sus familiares y para quienes no lo son. No sólo necesitan oír sobre sus carencias, sino también sobre sus recursos; no solamente repasar sus problemas, sino también percibir sus alternativas; contar no sólo con la mano amable del consejero, sino sobre todo, y por su intermedio, con la mano poderosa de Dios.

El consejo pastoral es un ministerio de la iglesia

Desde que comencé mi carrera como consejero/terapeuta cristiano había orado para que Dios me ayudara a *mí* a estar alerta y atento, a ser sensible y oportuno, a servir con alegría y profesionalidad. Un buen día, mientras una nueva familia —que no había conocido antes— esperaba para su primera cita, me di cuenta que mi oración era muy presuntuosa. Los miembros de esta familia, antes de que los atendiera, ya habían dado varios pasos significativos para recuperar su salud. Primero, se habían dado cuenta de que tenían un problema que no podían solucionar. Ese es un paso gigantesco para comenzar a sanar, pues hay familias con problemas evidentes, que no están dispuestas a admitirlos. Segundo, habían acordado —en medio de sus conflictos— buscar ayuda; otro paso muy importante, pues hay familias que saben que necesitan ayuda pero no logran ponerse de acuerdo para buscarla. En tercer lugar, habían hecho una cita, y con ello ya habían comenzado su proceso para salir del hoyo donde estaban. Cuarto, habían llegado a mi oficina, y aunque parezca mínimo, no deja de ser relevante puesto que hay familias que piden una cita pero luego nunca aparecen. A pesar de sus trabajos y tareas escolares, allí estaban el papá, la mamá y los tres hijos jóvenes que habían logrado hacer espacio en sus horarios y que se habían coordinado para llegar juntos y a tiempo, ¡una hazaña en verdad! En quinto lugar, traían dinero para pagar la consulta.[8] Todo ello indicaba que estaban comprometidos con este proceso, un elemento que es vital para la recuperación y la sanidad. Hasta aquí yo no había hecho absolutamente nada. ¿Quién había logrado todo eso? *El Padre de misericordias, el Dios de toda consolación* (2 Co. 1:3) había estado actuando en esa familia que estaba a mi puerta, al igual que lo hace en todos los casos que otros consejeros y terapeutas atienden, pues a todos Dios quiere darnos *vida y… en abundancia* (Jn. 10:10). Desde ese entonces mi oración fue más humilde, menos presuntuosa. Ahora digo: «Señor, ¿en qué quieres que *te* ayude? ¿Cómo puedo encajar en lo que *Tú* ya estás haciendo? ¿Cómo puedo ser instrumento de *tu* paz y de *tu* misericordia en esta obra que *Tú* ya has comenzado?»

La iglesia no inventa los ministerios, sólo los lleva a cabo. Estos son parte de la misión total de la iglesia, y la misión de la iglesia no es otra que la misión del Padre, revelada en la vida y obra de nuestro Señor Jesucristo y manifestada con poder mediante el Espíritu Santo. De modo que todo ministerio —incluyendo el asesoramiento pastoral— tiene su origen en Dios mismo. La iglesia necesita asumir el ministerio de asesoramiento como verdaderamente pastoral. Para ello, Daniel Schipani propone que los consejeros pastorales funcionen como guías sabios en cuatro áreas prioritarias:

1) en la del discernimiento moral; 2) en la del cultivo de las relaciones maritales y familiares en el contexto de la comunidad de fe; 3) en la de mediación y reconciliación, que incluye el perdón; 4) en la de sanidad de las heridas ocasionales de la vida. Y, en especial, hay que hacer posible que los marginados, pobres y oprimidos tengan acceso a este tipo de atención.[9]

Las fuentes del consejo pastoral

Cuando empecé a incursionar en el terreno del asesoramiento pastoral, hace más de 30 años, tomé todos los cursos ofrecidos por el departamento de Psicología Pastoral durante mi formación en el seminario. En aquel entonces, se concebía a la psicología como la ciencia encargada de orientar el trabajo del pastor en el cuidado de las almas. Así como había una psicología educativa que aplicaba los principios de la psicología al proceso de enseñanza-aprendizaje, y había una psicología industrial que aplicaba los principios de la psicología al campo del trabajo, también se proponía establecer una «psicología pastoral» que aplicara los principios de la psicología al trabajo pastoral. Al preguntarme, «¿qué es la psicología?», me di cuenta de que esta disciplina no hablaba con una sola voz autorizada y que al menos había tres corrientes que articulaban respuestas a las cuestiones relacionadas con la mente, las emociones y la conducta: el Psicoanálisis, el Conductismo y el Humanismo.

Cada una de esas corrientes y sus respectivas escuelas habían sido construidas sobre distintas bases filosóficas, utilizaban métodos de investigación particulares y esgrimían argumentos muy diferentes en cuanto a la naturaleza del ser humano, su desarrollo, sus dolores y sus curas. Es más, cada una acusaba a las otras de no ser lo suficientemente profunda, científica o humana. El *psicoanálisis* ganó terreno en la parte sur de América Latina: Argentina, Chile, Brasil; naciones que por razones históricas habían vivido de cara a Europa. El *conductismo,* que dominó en los Estados Unidos a partir de la Primera Guerra Mundial con figuras como John Watson y B. F. Skinner, ganó adeptos rápidamente en México, Centroamérica, el Caribe y la parte norte del Cono Sur. El *humanismo,* también conocido como la «tercera fuerza», iniciado por

Abraham Maslow y otros que cuestionaban a las otras dos corrientes —por construir su cuerpo teórico a partir de sus pacientes el uno, y de los experimentos con animales el otro— afirmaba la necesidad de desarrollar una psicología humana, que tomara en cuenta su potencial y no sólo sus carencias. Al humanismo le costó más tiempo incursionar e influir en América Latina, pero finalmente lo hizo a través de muchos de los seminarios teológicos en Estados Unidos, luego del trabajo pionero de Carl Rogers.

Aunque predominaron hasta mediados del siglo XX, tanto el psicoanálisis como el conductismo habían tenido poco éxito en ganarse la simpatía de las comunidades de fe. En especial porque el psicoanálisis interpretaba a la religión como un lastre para el progreso de la humanidad y la creencia en Dios como una proyección de las necesidades infantiles no resueltas,[10] y porque el conductismo había exagerado el papel de la psicología como la ciencia destinada no sólo a estudiar la conducta humana, sino también a predecirla y controlarla. Por ejemplo, en 1907, John Watson, uno de los principales exponentes de esta última corriente, se jactaba de que, si se lo proponía, podría producir malhechores o filántropos de lactantes sanos que estuvieran bajo su programación.[11]

Después de la Segunda Guerra Mundial, fue con la corriente humanista, y especialmente con el acercamiento de Carl Rogers, que se tendieron puentes entre la psicología y los centros de formación ministerial en los Estados Unidos. La escuela de psicoterapia «centrada en el cliente» (y no en los intereses y la cosmovisión del terapeuta) proveyó un espacio menos amenazante en el cual se podía trabajar la integración de la psicoterapia y la fe cristiana.

Tiempo antes, sin embargo, ya se habían hecho esfuerzos por integrar la psicoterapia analítica con la fe. En Suiza, el médico-psiquiatra Paul Tournier[12] escribió abundantemente con el intento de interpretar los fenómenos religiosos a la luz del psicoanálisis y viceversa. Algunos latinoamericanos como Jorge León y Carlos Hernández, siguieron ese camino. Jorge León inició la publicación de la revista *Psicología Pastoral* en Miami (Editorial Caribe) que tuvo corta vida en la década de 1980. En 1981, el pastor y misionero pentecostal Pablo Hoff escribió en español el libro *El pastor como consejero*, en el que integra la psicoterapia de Freud con la práctica pastoral. Se vendieron más de 50,000 ejemplares. En el Seminario Teológico Fuller de California, en donde hice mis estudios doctorales a principio de los años 1980, se ofrecían cursos orientados a integrar la psicología y la teología.

Creo que, a partir de la segunda mitad del siglo XX, muchos de los autores evangélicos norteamericanos que se dedicaron a temas relacionados con el consejo pastoral —Howard Clinebell, Tim La Haye, Norman Write, Clyde Narramore, Gary Collins, Lawrence Crabb y otros— se abrieron paso entre el legado de conceptos asimilados en las escuelas psicoanalíticas, conductistas o humanistas en las que se formaron y los contenidos cristianos. Dichas corrientes psicológicas y sus respectivas escuelas reflejaban los valores y la práctica de la cultura dominante nor-occidental de la época: el relativismo moral, el narcisismo, el individualismo y su a-historicidad (es decir, estaba ausente una lectura de la realidad socio-cultural circundante). Algunos cristianos más conservadores, por considerarlas paganas y humanistas, descartaron por completo cualquier aporte que pudiera provenir de la psicología o la psiquiatría. A los cristianos que utilizaban las ciencias de la conducta los acusaron de negar la validez de la Biblia y el poder de Dios, y formaron escuelas de «consejería bíblica» para cumplir con las tareas de orientar, edificar y evangelizar que la iglesia debe llevar a cabo dentro del ministerio del asesoramiento.[13]

Al mismo tiempo, y a partir de la década de 1980, importantes voces *desde dentro* del gremio de los psicoterapeutas se levantaron para señalar la urgente necesidad de tomar en cuenta las cuestiones étnicas,[14] los asuntos de género,[15] el trabajo con los pobres,[16] las dimensiones espirituales[17] y otros temas postergados por las psicologías tradicionales. En este nuevo clima de apertura y diálogo —y por medio de teólogos, consejeros cristianos y pastores— los temas que antes fueron proscritos por haber sido considerados «religiosos» o «metafísicos» se tratan con más libertad y las comunidades de fe han hecho valiosos aportes a la preservación de la salud, el mejoramiento de la vida humana y la psicoterapia en general.

El enfoque sistémico

A mediados del siglo XX surgieron varios movimientos importantes en las comunidades científicas que presentaron nuevas explicaciones sobre cómo conocemos (epistemología) y propusieron nuevas maneras de hacer ciencia. Entre ellos, el *modelo sistémico* fue un nuevo paradigma por la manera novedosa en que percibía al mundo y sus relaciones. Esta nueva forma de pensar representaba una ruptura con las formas anteriores de hacer ciencia y dio origen a una fundamental reorientación del pensamiento científico.

Se atribuye al biólogo austríaco —emigrado a los Estados Unidos al fin de la Segunda Guerra Mundial— Ludwig von Bertalanffy, el haber acuñado a fines de la década de los treinta el término *Teoría General de los Sistemas*.[18] Mediante este «nuevo modo de pensar» se intentaba explicar tanto las ciencias exactas como las ciencias naturales y las ciencias sociales. La Teoría General de los Sistemas proporcionó un marco teórico unificador para el conocimiento humano. Encajó en lo que Thomas Kuhn después describiría como una «revolución científica».[19] Kuhn explicó que cuando los esquemas conocidos ya no son suficientes para explicar la complejidad del mundo y sus relaciones, entonces surge la necesidad de nuevos paradigmas. Como muchos de los problemas de las ciencias biológicas, de la conducta y los sociales son esencialmente multivariados, se necesitan nuevos instrumentos conceptuales para abordarlos. Frente a los instrumentos conceptuales analíticos, fragmentarios, mecanicistas y de causalidad lineal de las ciencias clásicas —incluyendo a la psicología en sus varias versiones— el paradigma *sistémico* planteó la necesidad de la exploración científica de las totalidades, de la organización, de las relaciones. En las propias palabras de Bertalanffy:

«La ciencia clásica procuraba aislar los elementos del universo observando compuestos químicos, enzimas, células, sensaciones elementales, individuos en libre competencia y tantas cosas más, con la esperanza de que volviéndolos a juntar, conceptual o experimentalmente, resultaría el sistema o totalidad —célula, mente, sociedad— y sería inteligible. Ahora hemos aprendido que para comprender no se requieren sólo los elementos, sino las relaciones entre ellos».[20]

Si eso era cierto para las ciencias en general, mucho más lo fue para el estudio de la conducta humana, pues en ella percibimos tanto orden como regulación, automantenimiento y cambios continuos y, sobre todo, intencionalidad y búsqueda de metas. El enfoque *sistémico* se anticipó en señalar la necesidad de incluir el tema de los valores —hasta entonces considerados elementos metafísicos fuera de los linderos de la ciencia— en la discusión. Con respecto a esto Bertalanffy dice que:

«...la filosofía de los sistemas se ocupará de las relaciones entre hombre y mundo o de lo que se llama 'valores' en el habla filosófica. Si la realidad es una jerarquía de totalidades organizadas... el mundo de los símbolos, valores, entidades sociales y culturales es algo muy 'real' y su inclusión en el orden cósmico de jerarquías podría salvar la oposición entre ... la ciencia y las humanidades, la tecnología y la historia, las ciencias naturales y sociales, o como se quiera formular la antítesis».[21]

El enfoque sistémico no nació en el vacío. Varios aportes lo antecedieron, lo acompañaron y contribuyeron significativamente al entendimiento sistémico del mundo.[22] Entre ellos encontramos el concepto de homeostasis, los aportes de la cibernética, los conceptos de *feedback* (retroalimentación o retroacción) y *autoregulación*, el espejo unidireccional (o cámara de gessell) utilizado desde los años 1950 para observar niños, grupos y familias. Lynn Hoffman comparó la utilidad del espejo unidireccional con la del telescopio: «El hecho de mirar en forma diferente hizo posible pensar en forma diferente».[23]

El enfoque sistémico también resultó ser contra-cultural.[24] Es decir, que sus postulados eran opuestos a las presuposiciones fundamentales de la cultura occidental. El pensamiento occidental afirma que la realidad es externa y que podemos conocerla objetivamente; que para resolver un problema tenemos que preguntarnos el «por qué» y encontrar su causa; que el individuo (y no la familia o la comunidad) es el objetivo al que se deben dirigir los esfuerzos para el cambio. El enfoque sistémico, por el contrario, nos confrontó con la realidad de que el individuo no vive aislado y con el hecho de que es imposible ser verdaderamente objetivos. Además, también planteó la necesidad de preguntarnos no sólo el «por qué» de la conducta humana, sino también —y sobre todo— el «para qué». Con ello, entonces, este enfoque ofreció una nueva perspectiva desde la cual observar la realidad, que incluye: la causalidad circular o recíproca, el énfasis en las relaciones y el desafío a tomar las totalidades como punto de partida para cualquier análisis o acción.

Durante la segunda mitad del siglo XX, el enfoque sistémico estimuló la formación de una serie de escuelas de psicoterapia familiar que sería muy difícil enumerar en este trabajo. Todas ellas, sin embargo, comparten las siguientes características: enfocan su atención en el grupo familiar antes que en el individuo; consideran a la familia como el espacio en el cual se forjan las condiciones para la salud o la enfermedad; perciben al ser humano como una parte integrante de su entorno global; se resisten a trabajar intrapsíquicamente insistiendo en la consideración relacional de toda conducta. La terapia familiar ha ganado espacios en universidades y hospitales, en la clínica y en la academia, en la comunidad y en la iglesia, ha producido una abundante literatura, y ha creado asociaciones y métodos de entrenamiento. Todo esto lo ha convertido en un vigoroso movimiento mundial.[25] En el mundo entero, hoy día, cualquier entrenamiento formal en psicoterapia, asesoramiento o consejo pastoral toma muy en serio esta perspectiva, al grado de que ahora es un componente importante en sus programas o incluso se estudia como una área de especialización.

Mención aparte merece la contribución que han hecho los estudios sobre la comunicación humana. Debido a la amplitud de este tema, baste por ahora decir que en la relación de los seres vivos no simplemente se transmite energía, sino también información. Un ejemplo de Gregory Bateson y recogido por Paul Watzlawick puede ser útil para explicarlo y estar consciente de su importancia:

«Si el pie de un caminante choca con una piedra, la energía se transfiere del pie a la piedra; esta última resultará desplazada y se detendrá en una posición que está totalmente determinada por factores tales como la cantidad de energía transferida, la forma y el peso de la piedra y la naturaleza de la superficie sobre la que rueda. Si, por otro lado, el hombre golpea a un perro en lugar de una piedra, aquel puede saltar y morderlo. En tal caso, la relación entre el puntapié y el mordisco es de índole muy distinta... lo que se transfiere ya no es energía, sino más bien información... Como se ve, pertenecen a distintos órdenes de complejidad; el primero no puede ampliarse y convertirse en el segundo y éste no puede tampoco derivarse del primero; se encuentran en una relación de discontinuidad conceptual».[26]

El énfasis integrador de la actualidad

En la actualidad la psicoterapia participa de un clima de trabajo en donde predomina el énfasis integrador. Podríamos decir que las trincheras desde las cuales elaboraron sus postulados y defendieron sus productos las diversas corrientes, escuelas y tendencias de psicoterapia es cosa del pasado. Los consejeros cristianos —que hemos definido nuestra lealtad con la revelación bíblica como nuestro primordial «marco de referencia conceptual»— podemos participar con más aserción en este clima integrador. Autores cristianos como David Olsen[27] se han ocupado en integrar acercamientos conductistas, analíticos y de personalidad con la exploración de la estructura familiar, la familia de origen y la resolución de problemas. Pero Olsen no es el único, ni las iniciativas vienen exclusivamente de asesores y terapeutas cristianos. Irene y Herbert Goldenberg afirman que «la terapia familiar se está moviendo hacia nuevas y emocionantes direcciones, tanto en sus formulaciones teóricas como en sus aplicaciones terapéuticas. Hoy en día hay menos rivalidad entre los diversos acercamientos a la terapia familiar junto con la conciencia creciente y la aceptación de la idea de que hay muchos caminos que llevan al mismo destino».[28]

Un aporte novedoso en este campo es el redescubrimiento del marco socio-lingüístico en el trabajo con familias. Este surge de la convicción de que la gente usa el lenguaje no sólo para comunicarse entre sí, sino también para construir sus percepciones de la realidad. Las personas cuentan «sus historias» que son construcciones (*constructs*) y cuyo significado es compartido por los miembros de la familia y de la comunidad. El énfasis del trabajo terapéutico, según esta vertiente, está en ganar nuevos significados a través de la reconstrucción narrativa de las historias que las personas y las familias cuentan sobre sí mismas. De esta manera, la tarea del terapeuta es convertirse en un «co-editor» que ayuda a las personas, familias y comunidades a re-escribir (*re-author*[29]) sus historias de vida.

Esto no es nuevo ni extraño para los cristianos, porque conocemos el poder de la palabra. La enseñanza y la predicación han sido parte de nuestra herencia y han ayudado a nuestra formación. Esta es la razón por la que en nuestras iglesias los *testimonios* —como historias de vida re-contadas a la luz de la intervención divina— son parte de nuestro patrimonio espiritual.

El consejero pastoral como agente moral

El ateísmo filosófico ha pasado de moda. Vivimos en una época de búsqueda espiritual. Las voces que tratan de llenar esos vacíos están en todas partes. Varias películas de Hollywood al año tocan intencional y abiertamente temas espirituales, religiosos, de valores transcendentes, de ángeles y de demonios.[30] Varios libros sobre virtudes y valores han sido best-sellers por más de una década. La preocupación por la espiritualidad en la terapia ha sido articulada no sólo por los consejeros y terapeutas cristianos, sino por la misma Asociación Americana de Psicología[31] y por un creciente número de autores.[32]

El sociólogo Philip Rieff, en la década de 1960, afirmó que se vivía ya la cuarta etapa de la civilización occidental, la del «hombre psicológico», cuya meta era la auto-satisfacción y el *insight* personal a fin de dominar al último enemigo: a sí mismo.[33] Incluso se atrevió a decir que lo terapéutico en el mundo occidental ha suplantado a la religión como la guía aceptable para la conducta humana. La psicoterapia, sin embargo, procuró mantenerse alejada de los asuntos morales. Cuando Freud colocó la conciencia moral en el superego —muchas veces el portador tirano de las tradiciones de la cultura— con ello también removió la moralidad del centro de la personalidad (el ego) y, por consecuencia, del tratamiento psicológico.

Pero esta aparente opción también es cosa del pasado. La Asociación Americana de Terapia Conyugal y Familiar (*The American Association for Marriage and Family Therapy*, AAMFT) por primera vez estructuró la Asamblea Anual de 1995, en Toronto, Canadá, alrededor del tema de «Los valores en la terapia familiar». Uno de los exponentes principales, el Dr. William J. Doherty, profesor de Ciencias Sociales y Familia en la Universidad de Minnesota, denunció la complicidad de la psicoterapia —con su pretensión de ser moralmente neutral— con la decadencia moral de nuestra época. En su libro *Soul Searching*[34] Doherty señala que en la última década del siglo XX, la psicoterapia en los Estados

Unidos ha enfrentado una crisis de confianza pública. No ha sido una crisis relacionada con los beneficios aportados por la psicoterapia, ya que al menos un tercio de los norteamericanos adultos ha decidido consultar con un terapeuta o consejero en algún momento de su vida. La crisis, más bien, estaba relacionada con la inhabilidad de la psicoterapia para pronunciarse respecto a los problemas sociales y morales de nuestros días. Los psicoterapeutas parecían justificar el abandono de las responsabilidades personales, la fuga para no rendir cuentas morales (*moral accountability*) y la evasión de responsabilidades con la comunidad. En pocas palabras, las psicoterapias han sobre-enfatizado los intereses individuales a expensas de las responsabilidades familiares y comunitarias. Han operado bajo la falacia de que si cada individuo se concentrara en su propio bienestar, éste inevitablemente conducirá al bienestar de la familia y de la sociedad.

En su libro, Doherty pone como ejemplo el caso de Woody Allen. Ante el amorío de este actor con su hijastra de 19 años, Mia Farrow entabló un juicio por la custodia de sus hijos en 1992-93. Entre quienes fueron llamados a testificar estuvieron terapeutas a los que se tuvo como testigos expertos. Cuando se les preguntó si ellos pensaban que estaba mal que un hombre mantuviera un amorío con la hija de su esposa y la hermana de sus propios hijos, los terapeutas evitaron hacer juicios de valor. En su lugar usaron el lenguaje evasivo de los políticos: «Woody Allen tal vez haya incurrido en un error de juicio», «El amorío fue un error, dadas las circunstancias», «Esta situación es un reflejo de la familia post-moderna». Estos «testigos expertos» —dice Doherty— eran psicólogos, psiquiatras y terapeutas familiares atrapados en la telaraña de un discurso terapéutico que había eliminado completamente de su lenguaje términos morales como «deber», «responsabilidad» y «obligación». Un periodista comentó: «Los terapeutas se han convertido en magos que pueden hacer que las sensibilidades morales se desvanezcan bajo el velo de la retórica psicológica».[35]

Si bien los terapeutas seculares ahora están retomando su responsabilidad como agentes morales, los consejeros cristianos, al actuar en nombre de Dios y de la comunidad de fe, han asumido siempre esa responsabilidad sin justificaciones ni disculpas. Les basta con volver al evangelio, sin imponer moralismo alguno, para proclamar los valores del reino de Dios —el amor, la compasión, la justicia, la paz, la reconciliación, la solidaridad— e invitar a todos a vivirlos.

La iglesia como agente de cambio

Hubo un tiempo en América Latina —en las décadas de los años 1960 y 1970— cuando muchos cristianos nos avergonzábamos de ser identificados con la iglesia cristiana. Esto se debía a que, por un lado, la Iglesia Católica Romana estaba asociada con la tradición, el gobierno y los terratenientes; por el otro, a las iglesias evangélicas se les acusaba de ser punta de lanza del imperialismo norteamericano. Pero ahora que los movimientos políticos —ya sean de izquierda o derecha— no han cumplido sus promesas, y que los estados son incapaces de hacer justicia y proveer para las necesidades básicas, la sociedad en general ha empezado a mirar con nuevos ojos a la iglesia.

Yo trabajé por casi cinco años en el Consejo Mundial de Iglesias, en Ginebra, en la Oficina de Ministerios Familiares. Allí me di cuenta de que cuando una catástrofe ocurría en un país del llamado «tercer mundo», las organizaciones gubernamentales y no-gubernamentales buscaban a las iglesias para canalizar su ayuda. Cuando los derechos humanos eran violados en alguna parte, las iglesias a veces fueron las únicas instituciones que alzaron su voz para denunciar los atropellos y rechazar los abusos. En gran parte, el *Apartheid* fue resistido, y finalmente desmantelado, por la testarudez y la valentía de las iglesias dentro y fuera de Sudáfrica.

En los Estados Unidos se está redescubriendo a la iglesia. El Centro Carter, en Atlanta, tiene una oficina dedicada a estudiar las maneras en las que las iglesias podrían participar con más intencionalidad en la vida de la comunidad norteamericana del siglo XXI. Cuando mi esposa trabajaba en un proyecto de investigación-acción comunitaria en Los Angeles, me invitó a una conferencia ofrecida por un funcionario de ese centro, el Dr. Gary Gunderson, quien habló, entre otras cosas, de «los poderes de la iglesia» en la prevención y el cuidado de la salud. Palabras más o palabras menos, el Dr. Gunderson nos dijo que las iglesias, en medio de un mundo fracturado, tienen el poder de convocar y conectar en forma regular: entretejen a la gente, pasan la información, proveen acceso a otros servicios y redes importantes. Las iglesias tienen el poder de estar presentes: aunque no tengan nada que decir, están allí, acompañan a las familias y a las comunidades en tiempos de paz o de guerra, de prosperidad o de crisis. Las iglesias tienen el poder de bendecir: cuando los demás buscan culpables de los problemas sociales y económicos, del desempleo y deterioro de la vida, las iglesias anuncian el perdón, las buenas nuevas, la esperanza y la reconciliación. Las iglesias tienen el poder de persistir, de permanecer, de ser predecibles. Las iglesias tienen el poder de ser santuarios para quienes están en peligro, para los quebrantados, los afligidos, los inmigrantes, los indocumentados. Las iglesias tienen el poder de abrir sus puertas para una infinidad de grupos humanos en la comunidad. Las iglesias tienen el poder de orar, de interceder, de conectar las necesidades de la tierra con los recursos del cielo; de implorar por pan en tiempos de hambre, de pedir lluvia en la sequía y sol en la tormenta. Las iglesias tienen el poder de enmarcar y re-enmarcar los eventos, de dar significado a lo ordinario y a lo extraordinario, de poner los hechos en contexto, de contestar preguntas relacionadas con los fines últimos de la vida.

A esta lista del Dr. Gunderson podemos añadir otros poderes como el de modelar una comunidad alternativa, o el de desafiar los modelos inhumanos de convivencia. No es poca cosa —como consejeros y terapeutas cristianos— ser parte de esta comunidad de fe que educa para la vida y el amor, que desafía a vivir los valores del reino de Dios, y que sirve en nombre de Cristo a individuos, parejas y familias en los momentos cruciales de su desarrollo, de transición, o de dolor y crisis.

El entrenamiento de asesores pastorales

En la actualidad el entrenamiento de consejeros y asesores familiares para las comunidades de fe ha llegado a ser un subproducto del entrenamiento diseñado para asesores y psicoterapeutas seculares. Se creía —dentro y fuera de la iglesia— que se podía desarrollar una «psicología pastoral», es decir, una disciplina derivada de la psicología, que aplicara al trabajo pastoral los principios y los descubrimientos de esa ciencia. Sin embargo, el consejo pastoral, como parte del trabajo que hace la iglesia para llevar a cabo la misión de Dios en la tierra, antecede a las disciplinas modernas incluyendo a la psicología.

La psicología como ciencia se inicia recién en 1879 cuando en Leipzig, Alemania, se funda el primer laboratorio de psicología. Desde ese entonces se utilizan los métodos de las ciencias naturales para la observación y la experimentación, se define el objeto de la psicología como el estudio de la conducta, y se multiplican las corrientes y escuelas de psicología y psicoterapia. Sin embargo, y si incluimos toda la tradición judeo-cristiana, el cuidado pastoral —incluyendo el consejo pastoral— tiene unos cuatro milenios de historia y práctica. Los clérigos han estado presentes en los momentos más significativos de la vida familiar; han oficiado los ritos de transición entre las etapas del ciclo vital tanto de personas como de familias; han orientado a personas y familias en los cambios; han consolado a los afligidos y a los desahuciados; en fin, han cumplido —en la medida de sus capacidades— muchas de las funciones que los psicólogos, orientadores y consejeros ahora llevan a cabo. El asesoramiento o consejo pastoral no puede desconocer esa herencia milenaria, ni pretender construir las bases para su trabajo exclusivamente sobre lo que han logrado las ciencias de la conducta. Por el contrario, el asesoramiento pastoral necesita fundamentarse sobre su propia tradición, sobre su vocación y llamado trascendentes, y sobre el privilegiado acceso que el clero tiene entre las personas y familias de su congregación y comunidad. Si parte de aquí, el asesoramiento pastoral puede aprovechar las contribuciones de la psicología, la sociología, la antropología, y cualquier otra disciplina o ciencia para su trabajo y misión, de la mejor manera posible.

De modo que la formación de los asesores o consejeros pastorales puede y debe ser interdisciplinaria e integradora. Dado que el consejero pastoral tiene un compromiso con la revelación bíblica como su fuente de autoridad, no tiene que «casarse» con ningún marco de referencia conceptual particular. Su fe e identidad cristianas le darán la libertad para explorar y echar mano de lo que sea compatible con su fe de las diversas corrientes, escuelas y propuestas contemporáneas sobre la condición humana. Lo que en mis tiempos de estudiante se condenaba como «ecléctico», hoy se le llama *integración* y se ha convertido en una virtud. La primera vez que vi este tipo de armoniosa integración de distintos marcos de referencia conceptual fue en un congreso del *Corpo de Psicólogos e Psiquiatras Cristaos do Brasil*. Psicólogos y psiquiatras cristianos, de distintas formaciones teóricas (conductistas, psicoanalistas, humanistas y sistémicos), se daban cita para adorar a Dios y examinar con seriedad su profesión a la luz de su fe cristiana y de su compromiso con la gente. Sólo en círculos como éstos, donde la fe trasciende las lealtades a sistemas teóricos particulares, se puede construir un tipo de asesoramiento pastoral que sea efectivo y relevante para el hombre, la mujer, la familia, la iglesia y la comunidad contemporáneos.

Sólo a partir de una perspectiva integradora se pueden formar consejeros, asesores y terapeutas cristianos capaces de dialogar con los diversos aportes ofrecidos por las ciencias de la conducta, las profesiones de ayuda y los esfuerzos públicos y privados que se empeñan en el bienestar de la gente. Cualquier reduccionismo es peligroso. Algunos acercamientos espiritualistas niegan la enfermedad mental, explican toda perturbación mediante la influencia de fuerzas demoniacas o aseguran que la única forma de ayudar a la gente es mediante la conversión, la fe y la oración.

Conozco un pastor pentecostal en una de las capitales de Sudamérica, que en su congregación desarrolló un hermoso y fructífero ministerio de liberación. Mucha gente fue ayudada a través de este ministerio. Sin embargo, el pastor también se dio cuenta que había casos en los que la conversión, el discipulado y las oraciones por liberación no producían los frutos esperados. Fue entonces que decidió desarrollar un ministerio de asesoramiento. Aunque tenía en su iglesia profesionales de las ciencias de la salud (médicos, trabajadores sociales y varios psicólogos) percibió que lo que hacía falta en la iglesia era un equipo de personas entrenadas de una manera integral, es decir, que tuviera las bases bíblicas y teológicas en una mano y las herramientas profesionales en la otra. Así que recurrió a la Asociación Latinoamericana de Asesoramiento y Pastoral Familiar Eirene que había desarrollado un programa de entrenamiento y certificación de asesores familiares (ver el Apéndice B). En aquel entonces yo coordinaba dicha asociación y tuve el privilegio de acompañar a esta iglesia por varios años en la formación del primer equipo de asesores familiares. Visitaba a la congregación cada tres o cuatro meses para dar talleres y cursos intensivos, mientras los estudiantes trabajaban continuamente con facilitadores locales y textos autodidácticos. En una de mis visitas el pastor me contó que estaba buscando un psiquiatra —que aunque no fuera cristiano que sí fuera respetuoso de la fe— a quien referir los casos en los que notaba poco progreso mediante las sesiones de liberación y para los cuales sospechaba que se necesitaba algún tipo de tratamiento especializado o medicación. En mi siguiente visita me contó que ya había encontrado un psiquiatra con esas características y que estaba asombrado del progreso logrado en las sesiones de oración luego de que las personas referidas volvían de las sesiones de terapia. En otra de mis visitas me contó que ahora el psiquiatra le estaba enviando personas —que él detectaba con problemas de tipo espiritual y con los que él ya no podía ayudarles— para que la iglesia orara por ellas. Me contó que muchas de esas personas llegaban a conocer el amor y el poder de Cristo, y se quedaban en la iglesia.

Cuando terminé el entrenamiento del equipo de consejeros ya no volví por su iglesia, sino hasta después de varios años. En esa visita me dijo que quería que conociera a una persona de quien me había hablado varias veces. Una agradable sorpresa fue que me presentó a aquel psiquiatra, junto con su esposa, y me anunció que ahora eran miembros de su congregación. Este es un ejemplo viviente de integración, de humildad y de apertura de mente, tanto por parte del pastor como del psiquiatra.

El perfil de un consejero pastoral

En la Asamblea de 1996 de la Asociación para la Educación Teológica Hispana (AETH) que se llevó a cabo en San Antonio, Texas, un grupo de profesores de Asesoramiento y Cuidado Pastoral definió los componentes del perfil de un consejero o asesor pastoral. De acuerdo con ese perfil, el asesor pastoral (ministro o laico entrenado) debería:

• **cultivar** ciertas *virtudes* relacionadas con su ser, como:
    el amor a Dios, a sí mismo y al prójimo,
    la autenticidad, la madurez y la integridad,
    vivir los valores del reino de Dios.

- **adquirir** ciertos *conocimientos* relacionados con su misión, como:
  una fundamentación bíblica y teológica,
  criterios para evaluar la salud y la enfermedad,
  información relevante sobre la conducta y el desarrollo humanos,
  nociones que expliquen los procesos de cambio,
  información acerca del contexto social y legal.

- **desarrollar** ciertas *destrezas* relacionadas con su vocación, como:
  nociones acerca de cómo empezar, continuar y terminar una relación de ayuda,
  herramientas para intervenir en crisis,
  posturas para diferenciarse y conectarse sin ansiedad.

- **vivir** un proceso de *formación* que incluya supervisión:
  en una comunidad de fe saludable,
  bajo un/a supervisor/a experimentado/a

Como se puede ver, este grupo de expertos estaba consciente de que no se puede formar consejeros o asesores de la noche a la mañana. La formación de consejeros demanda tiempo, dedicación y disposición para ensanchar la mente y el corazón; es decir, a crecer, ya que el instrumento clave en el asesoramiento es el asesor mismo. Un consejero eficaz no resulta solamente por adquirir buena *información;* por sobre todo, un buen consejero es el resultado de una buena *formación*. Pero tampoco los buenos consejeros se forman por cursos breves (no se debe confundir la Terapia Breve —a la que nos referiremos en el Apéndice A— con la formación instantánea en esta disciplina).

Hubo un tiempo en que surgieron intentos de formar consejeros en talleres de un fin de semana o dos. Ya no más, gracias a Dios. Muy pronto sus promotores se dieron cuenta de que creaban más problemas de los que ayudaban a resolver. En otras palabras, que no se puede penetrar en el alma de las personas y luego salir deportivamente (como si nada hubiera ocurrido); que para trabajar con otras personas uno primero debe trabajar con uno mismo; que no se puede cambiar a otros sin cambiar uno primero. La formación toma tiempo y debe hacerse pausadamente para que se vayan asentando las virtudes, los conocimientos y las destrezas arriba descritos.

Los centros de formación ministerial están empezando a tomar conciencia de la abrumadora necesidad de proveer entrenamiento para esta disciplina relativamente nueva y en constante transformación. Los profesionales de la salud que la universidad produce no son aptos para este ministerio de la iglesia. Sin descalificar su formación y su deseo de ayudar, sin embargo, carecen de la formación teológica que es fundamental en el ejercicio de esta vocación. «Los psicoterapeutas y los consejeros pastorales parecen iguales, pero no lo son», nos advierte John C. Wynn, y luego añade: «Nosotros [los consejeros pastorales] poseemos convicciones teológicas dinámicas que son el inevitable bagaje de nuestra fe cristiana... Ni nuestras habilidades para el diagnóstico, ni nuestra formación técnica, ni nuestra comprensión de las teorías de la personalidad serán los únicos factores que posibiliten nuestra eficacia en el asesoramiento familiar, sino... nuestra capacidad para proponer verdaderas posibilidades de redención. Esas posibilidades de redención no residen en nosotros mismos, sino en la gracia de Dios».[36]

NOTAS

[1]Samuel Escobar, Alvin Góngora, Daniel Salinas y Humberto Bullón, *Postmodernidad y la iglesia evangélica,* Publicaciones INDEF, San Francisco de Dos Ríos, Costa Rica, 2000.

[2]Movimiento cultural y filosófico del siglo XVIII que acentuaba el dominio de la razón humana y que su aplicación a la vida permitiría un infinito progreso económico y cultural.

[3]Sistema filosófico que admitía únicamente el método experimental (empírico) y rechazaba todo concepto universal y absoluto (la metafísica). Así pues, todo lo que no fuera observable, sujeto de experimentación, entraba en el campo de lo imaginario, irreal.

[4]Citado por René Passat, *Elogio de la globalización: por una mundialización humana.* Salvat-España, 2002, p. 16.

[5]Benjamin Barber, *Jihad vs. McWorld. How Globalism and Tribalism are Reshaping the World.* New York: Bellantine, 1996.

[6]Irene Goldenberg y Herbert Goldenberg, *Family Therapy, An Overview,* 4th ed. Pacific Grove Brooks/Cole Publishing Company, 1996, p. 305-306.

[7]Harlene Anderson, *Conversation, Language, and Possibilities; A Postmodern Approach to Therapy.* New York: Basic Books, 1997, p. 2, 64.

[8]Aunque soy pastor ordenado y el asesoramiento que ofrezco es gratuito, pues es un servicio de la iglesia, hubo ocasiones en que la iglesia no me podía soste-

ner y entonces ejercí mi profesión como terapeuta en una clínica de terapia familiar. A uno de esos casos me refiero en este ejemplo.

[9]Daniel Schipani, *The Way of Wisdom*, p. 2, 100-107.

[10]Sigmund Freud, *El futuro de una ilusión*, publicado originalmente en 1927.

[11]Werner Wolf, *Introducción a la Psicología*. México: Fondo de Cultura Económica, 1992, p. 17.

[12]Sus obras fueron traducidas al español y publicadas primeramente por Editorial Aurora, Buenos Aires. Luego fueron publicadas por editoriales católicas. Existe una publicación de 10 volúmenes hecha por Editorial CLIE, Barcelona, 1996-99.

[13]John F. MacArthur Jr. y Wayne A. Mack, *Una nueva mirada a la consejería bíblica*, Nashville: Caribe, 1996, p. 73-78. Jay Adams en *Capacitados para orientar* (Grand Rapids: Portavoz, 1981) propuso la «confrontación nuotética» (del griego: *nouthet* = colocar en la mente) como la forma de asesorar bíblicamente.

[14]Monica McGoldrick, John K. Pearce, y Joseph Giodano, eds, *Ethnicity and Family Therapy*, New York: The Guilford Press, 1982. Marshall H. Segal, et al., *An Introduction to Cross-Cultural Psychology*, Pergamon Press, 1990. Derald W. Sue y David Sue, *Counseling the Culturally Different*, 2nd. ed., New York: John Wiley & Sons, 1990. Wen-Shing Tseng y Jing Hsu, *Culture and Family: Problems and Therapy*, New York: The Haworth Press, 1991.

[15]Marianne Walters; Betty Carter; Peggy Papp y Olga Silverstein, *La red invisible, pautas vinculadas al género en las relaciones familiares*, Buenos Aires: Ediciones Paidós, 1991. T. Goodrich y otras, *Terapia familiar feminista*, Buenos Aires: Ediciones Paidós.

[16]Harry J. Aponte, *Bread & Spirit, Therapy with the New Poor*, New York: W.W. Norton 1994. Patricia Minuchin, Jorge Colapinto, Salvador Minuchin, *Working with Families of the Poor*, New York: The Guilford Press, 1998.

[17]Don S. Browning, *Religious Thought and the Modern Psychologies*, Philadelphia: Fortress Press, 1987.

[18]Ludwig von Bertalanffy, *Teoría general de los sistemas*, México, Fondo de Cultura Económica, 1976.

[19]Thomas Kuhn, *La estructura de las revoluciones científicas*, México: Fondo de Cultura Económica; en inglés, *The Structure of Scientific Revolutions*, University of Chicago Press, 1970.

[20]Bertalanffy, *Teoría general*, p. 12.

[21]Bertalanffy, *Teoría general*, p. 17.

[22]Robert Lillienfeld, *Teoría de sistemas, orígenes y aplicaciones en Ciencias Sociales*, México: Editorial Trillas, 1984, p. 38.

[23]Lynn Hoffman, *Foundation on Family Therapy*, New York: Basic Books Inc., 1981, p. 3 y 4.

[24]Dorothy S. Becvar & Raphael J. Becvar, *Family Therapy, a Systemic Interaction*, Boston: Allyn and Bacon, 1993, p. 3.

[25]Ver la Bibliografía de Terapia Familiar en español al final de este volumen.

[26]Paul Watzlawick y otros, *Teoría de la comunicación humana*, Barcelona: Herder, 1981, p. 33. (En inglés, *Pragmatics of Human Communication*).

[27]David Olsen, *Integrative Family Therapy*, Philadelphia: Fortress Press, 1993.

[28] Irene Goldenberg y Herbert Goldenberg, *Family Therapy, An overview*, 4th edition, Pacific Grove, CA: Brooks/Cole Publishing Company, 1996, Prefacio, p. xvii.

[29] Lynn Hoffman, *Family Therapy, An Intimate History*. New York: Norton, 2002. Véase especialmente el capítulo 13 donde se narra el surgimiento del desconstruccionismo, el postestructuralismo y las terapias narrativas.

[30] Robert K. Johnson, *Reel Spirituality: Theology and Film in Dialogue*, Grand Rapids: Barker Academic, 2000.

[31] P. Scott Richards, John Rector, y Alan C. Tjelrveit, «Values, Spirituality and Psychoterapy», en *Integrating Spirituality into Treatment*, editado por William R. Miller, The American Psychological Association, Washington, D.C., 1999.

[32] Para nombrar unos pocos: Thomas G. Plante & Allen C. Sherman, editores, *Faith and Health* (New York: Guilford, 2001); James L. Griffith & Melissa Elliot Griffith, *Encountering the Sacred in Psychotherapy* (New York: Guilford, 2002); Andrew Newberg, Eugene D'Aquili & Vincent Rause, *Why God Won't Go Away* (New York: Brillantine Books, 2001).

[33] Philip Rieff, *The Triumph of the Therapeutic*, New York, Harper & Row, 1996.

[34] William J. Doherty, *Soul Searching. Why Psychotherapy Must Promote Moral Responsibility*, New York: Basic Books, 1995.

[35] Charles J. Sykes, *A Nation of Victims*, St. Martin's Press, New York, 1992, citado por William J. Doherty, *Soul Searching*, p. 5.

[36] John C. Wynn es un pastor presbiteriano y profesor de Teología Pastoral de la Escuela de Divinidades de Crozer, NY, Estados Unidos. Ver especialmente el capítulo 7, «Pastoral Theology and Family Counseling» en *Family Therapy in Pastoral Ministry*, San Francisco: Harper & Row, 1982.

II. Algunas presuposiciones básicas:
La plataforma desde la que operamos

$\mathcal{A}$quí deseo plantear que existen por lo menos cuatro tipos de consideraciones preliminares o presuposiciones básicas desde las que los consejeros operamos. Estas presuposiciones se refieren: al *contexto* socio-cultural en el que viven nuestros consultantes, al momento especial en el que las *familias* nos consultan, a la persona del *consejero o consejera* como parte integrante del conjunto terapéutico, y al *proceso* que se crea de la interacción entre el consejero y la familia. A continuación las explico y al mismo tiempo ofrezco algunas recomendaciones.

I. Presuposiciones acerca del CONTEXTO

Las personas viven en la historia, en lugares determinados, en medio de condiciones y circunstancias específicas. Así pues, el consejero pastoral necesita estar consciente de que ejerce su ministerio en medio de ciertas condiciones y en situaciones que influyen en las personas y familias que le consultan. No es lo mismo asesorar a una familia urbana de clase media que a una familia de escasos recursos que recién ha llegado a la ciudad en busca de trabajo. Asesorar a una pareja de profesionales que quiere casarse será muy distinto de asesorar a una pareja que «se juntó» porque no tenía el dinero suficiente para realizar una boda.

En la actualidad, la mayor parte de mi trabajo lo realizo con inmigrantes hispanos de primera generación en los Estados Unidos, y que están en proceso de asentamiento y asimilación en el contexto norteamericano. Aunque la inmigración sea un factor importante que nos identifica a casi todos los hispanos en los Estados Unidos, las razones por las cuales las personas han salido de su país de origen son muy diversas. Por ejemplo, en un extremo, hay personas que han sido transferidas por sus empresas, tienen sus papeles en regla y, por lo tanto, gozan de seguridad económica y social; en el otro extremo hay personas que han huido de la guerra, la violencia o la pobreza en su propio país y que viven en continuo sobresalto porque no tienen los recursos necesarios para la subsistencia ni los documentos requeridos para buscar mejores trabajos. También hay hispanos que se han mudado «al Norte» porque aquí se encuentra ya la mayor parte de sus familiares y, por lo tanto, ya cuentan con una red significativa de apoyo; mientras que otros han dejado a sus hijos encargados con parientes para poder trabajar con mayor dedicación, ahorrar dinero y mandar a traer el resto de la familia en un futuro cercano. Los hispanos de procedencia urbana, de clase media y profesional son los que más rápidamente se integran a la cultura que los hospeda porque su estado legal está en regla y sus conductas y valores —aunque con diferencias culturales significativas— se acercan a los estándares norteamericanos. No sucede así con los campesinos que arriesgan su vida para cruzar la frontera clandestinamente, que trabajan con papeles falsos o aceptan trabajos temporales siguiendo las cosechas en los distintos estados de la Unión Americana.

Toda familia que vive en este tiempo parece enfrentar más dificultades para realizar los ajustes necesarios a fin de mantener su salud, criar a sus hijos y sobrevivir a las crisis. Podemos señalar unas pocas razones: a) Las familias ya no son tan numerosas como antes. En todas partes del mundo hay una mayor conciencia sobre la planificación del número de hijos porque ya no son «más brazos para trabajar», sino «más bocas que alimentar». b) La madre ya no se ocupa solamente de la crianza; por lo general también trabaja fuera de casa ya sea para colaborar al sustento de la familia (especialmente en sectores de la población en los que un solo salario no es suficiente para sobrevivir), para no aburrirse sola en casa, o para cumplir con su vocación en la vida. c) Se han perdido o debilitado las redes de apoyo debido a los procesos de industrialización, urbanización, migración —interna o externa— y la tendencia a la nuclearización de la familia. d) En el pasado, otras personas además de los padres —familiares, compadres, vecinos y amigos— cuidaban de los hijos. En el presente, cada familia tiene que librar una dura batalla contra valores y conductas que tratan de socializar a nuestros hijos mediante la escuela, el mercado, la televisión, las pandillas, entre otros. e) El deterioro de la economía local y global junto con la descomposición social de muchos sectores del mundo empujan a poblaciones enteras a salir de su terruño para buscar sobrevivir y/o encontrar mejores oportunidades para sus hijos en las ciudades o en el extranjero.

Aunque cada situación es única, es posible identificar algunas características comunes a las familias que asesoramos pastoralmente. Será provechoso, por ejemplo, que la consejera pastoral sepa que toda familia está en un continuo proceso de ajuste, que se rige por una serie de valores, y que abriga una serie de creencias que rigen su conducta.

1.1   Las familias viven en un continuo proceso de ajuste. Los cambios vertiginosos en la sociedad actual ponen a las familias en un estado de transición permanente. Esto significa que las familias de hoy viven bajo la constante presión de ajustarse a los rápidos cambios y a revisar periódicamente los papeles que tradicionalmente se le asignaban a cada uno de sus miembros. Por ejemplo, cuando don Pedro y su familia emigran del México rural a Los Angeles, California, en busca de trabajo y un futuro mejor para sus hijos, no sólo viajan 300 kilómetros, sino también 300 años en la historia. En su pueblo, don Pedro era conocido y respetado, tenía sus parientes y compadres, tenía crédito en la tienda aunque no supiera leer ni escribir, ni tuviera sus documentos al día. En Los Angeles, en cambio, don Pedro necesita una tarjeta de identidad, un número del Seguro Social, un permiso de trabajo, una dirección, crédito, y muchas cosas más, sólo para comenzar a buscar escuela para sus hijos o casa para vivir. Su esposa e hijas posiblemente encuentren trabajo antes que él —limpiando casas o cuidando niños— y traigan el pan a la casa. Sus hijas están en riesgo de convertirse prematuramente en madres solteras ya sea por inocencia, por ignorancia o por «revelación» de que un niño nacido en los Estados Unidos es un ciudadano americano que califica para la ayuda pública (*welfare*). En poco tiempo los hijos de don Pedro aprenderán inglés en la escuela, se asimilarán a la subcultura circundante y vivirán bajo la presión continua de unirse a las pandillas, a los traficantes de drogas, o de convertirse en los intérpretes y cuidadores de los padres, invirtiendo de esta manera los papeles de la familia tradicional. La brecha generacional aumenta, la jerarquía familiar es confusa, los hombres se refugian en el alcohol u otra drogra, y la violencia doméstica puede aparecer o aumentar por la inseguridad y la incertidumbre en que se vive. Elaine P. Congress, trabajadora social, investigadora y con años de trabajo en clínicas urbanas de salud mental de Nueva York, afirma que hay detonadores de crisis que afectan a las familias inmigrantes. Entre ellos menciona el desempleo y subempleo, el cambio de papeles o roles de género en la pareja, los conflictos intergeneracionales, el fracaso escolar de los hijos, por solamente mencionar algunos.[1]

> *...Por lo tanto...* la consejera pastoral debe estar enterada —tanto como le sea posible— de las condiciones sociales, culturales y económicas que afectan a las familias de su comunidad.

1.2   La cultura hispana asigna un valor elevado al conjunto llamado «familia». En la lengua castellana, el término *familia* no se restringe al núcleo de padre, madre e hijos. Incluye también a la familia extendida, a los parientes ¡y hasta a los compadres! Los científicos sociales han descrito a los padrinos y compadres como «familia ficticia» o «familia de elección» que cumplen importantes funciones sociales.

El compadrazgo, por ejemplo, conlleva una serie de obligaciones y contra-obligaciones morales, económicas e incluso políticas en los países latinoamericanos. Un campesino pobre elige a un padrino para sus hijos que esté mejor situado económica y social-

[Anotación manuscrita: Consejero es ayuda especializada / Pastor: cuida general y guía / a la congregación.]

mente. Cuando los chicos enferman, cuando van a la escuela o cuando las parejas están en apuros, los padrinos están en la obligación moral —que se asume en el ritual del bautismo o del matrimonio— de extender una mano de ayuda. A su vez, en tiempo de elecciones, el campesino y su familia están en la obligación de apoyar la candidatura y el partido político del padrino de sus hijos, sin importar lo corrupto o inepto que éste pueda ser.

Con la conversión al protestantismo, millones de latinoamericanos se han sacudido de muchas de esas prácticas comprometedoras, pero, al mismo tiempo, han perdido las redes de apoyo que las acompañaban. Sin embargo, cada congregación tiene el potencial de convertirse en su familia de la fe, la «familia tribal» que se perdió con la modernidad y que es capaz de proveer esos lazos significativos que no solamente los ayudarán a sobrevivir, sino también a humanizarse y a desarrollar a las nuevas generaciones.[2]

Será muy difícil saber a ciencia cierta si fue la alta valoración de los lazos familiares la que produjo el desarrollo de las estrategias de sobrevivencia en los sectores populares, o si fue la necesidad de sobrevivir la que condujo a asignarle a la familia tan alta estima. El hecho es que el intercambio de favores y la prestación y contraprestación de servicios entre la familia nuclear, la extendida y la «ficticia» han contribuido a la supervivencia de los sectores populares con ingresos muy por debajo del nivel de subsistencia.

En las familias latinas los ancianos y los niños han tenido lugares específicos en la economía del hogar que han sido designados por la cultura y la tradición. Los ancianos han cuidado del hogar y de los niños; los niños mayores han cuidado de sus hermanitos y han ayudado en los quehaceres de la casa. En los mercados populares —incluso en Estados Unidos mismo— no es difícil ver cómo toda la familia latina se moviliza para asegurar que el pequeño negocio familiar prospere. Padres y abuelos —incluyendo a todos los ancianos de la comunidad— han sido tradicionalmente respetados como figuras de autoridad. Se espera que los hijos cuiden de los ancianos, así que la idea de enviarlos a un asilo generalmente se rechaza. Aunque hay muchos aspectos positivos en este tipo de solidaridad e interconexión de las generaciones, también hay desventajas. Las obligaciones y lazos emocionales se prestan para abusos e injusticias. En Norteamérica, donde el individualismo se ha afirmado al extremo, los respetados lazos de sangre de los hispanos han sido vistos como una amenaza a la libertad y a la independencia de las nuevas generaciones. Sin embargo, en los últimos años, nuevas voces de educadores, legisladores y terapeutas señalan los efectos desastrosos que el individualismo ha tenido sobre la familia y la sociedad en general, y han hecho llamados para recobrar los vínculos y las obligaciones familiares que se asocian con la salud, la responsabilidad y el desarrollo.[3]

> ... *Por lo tanto*... la consejera pastoral debe tomar conciencia de la herencia cultural de sus consultantes, de los valores, lealtades y mutuas obligaciones de quienes habitan bajo el mismo techo.

1.3   *La cultura latina tiende a preservar las estructuras y los roles tradicionales en la familia.* El machismo —la idea de la supuesta superioridad masculina y su práctica social— se ha asentado en la mente de hombres y mujeres a través de los siglos y de muchos medios. Entre estos últimos podríamos mencionar la tradición patriarcal de la cultura occidental y los siglos de influencia árabe en la antigua España. Esto provocó que durante la conquista y la colonización de América Latina, tanto españoles como portugueses abusaran sexualmente de las mujeres nativas —y luego de las esclavas negras— engendrando hijos pero no criándolos. A su vez, los hijos mestizos criados por las madres —y con una religión donde se exalta el papel de la madre, idealizado por la Virgen María— desarrollaron con ellas un círculo afectivo del cual los padres fueron emocionalmente excluídos. El resultado es una sociedad donde los hombres son definidos como fuertes, racionales, dominantes y proveedores, mientras que las mujeres son definidas como débiles, afectivas, sumisas y sacrificadas; una sociedad donde se espera de los niños obediencia, sumisión y colaboración económica para la supervivencia de la familia.

La vida contemporánea no sólo cuestiona estos papeles tradicionales, sino que también los altera. Las mujeres ahora tienen acceso a la educación y a los puestos de trabajo asignados generalmente a los hombres y con pagos cada vez más parecidos. Los medios masivos de comunicación han difundido los derechos de la mujer. Las escuelas han educado a nuestros hijos con modelos más igualitarios. En la nueva economía globalizada en el campo y la ciudad —y con el continuo empobrecimiento de la clase trabajadora— ambos progenitores tienen que trabajar para sustentar a la familia. El libre acceso que hoy día se tiene a información sobre la sexualidad hace cuestionar el injusto doble estándar de moralidad que ha existido para hombres y para mujeres. Con la independencia económica y la conciencia de sus derechos, más y más mujeres ya no «aguantan más» relaciones abusivas (y no tienen por qué hacerlo) y rompen los vínculos matrimoniales que antes no se atrevían a romper por temor a quedarse en el desamparo. En mi trabajo observo que la primera generación de hispanos inmigrantes en los Estados Unidos, en su afán por afirmar su identidad cultural, tienden a volverse más conservadores que sus contemporáneos en sus países de origen. No es difícil ver cómo el conservadurismo apela a la religión legalista para afirmar sus reclamos. Generalmente esto provoca una reacción más fuerte por parte de las nuevas generaciones que han sido socializadas en el ejercicio de sus derechos y, por consecuencia, las brechas generacionales se agrandan.

... Por lo tanto... los consejeros pastorales deben ser sensibles y respetuosos de las afirmaciones culturales de sus consultantes y, al mismo tiempo, cuidadosos de no perpetuar los patrones mentales y de conducta que sean dañinos, injustos, que contradigan a los valores del reino de Dios y que afectan a los segmentos más desprotegidos de la población.

II. Presuposiciones acerca de LA FAMILIA

Tanto las personas como las familias, generalmente buscan ayuda cuando han agotado todos sus recursos o la tensión es insoportable. Sin embargo, entre las comunidades latinas tanto el asesoramiento como la psicoterapia todavía son resistidos. Cuando nuestra gente experimenta tensión y vive problemas que no puede resolver, primero busca la ayuda familiar médica y pastoral, antes que la psicológica. Hay varias razones para ello. Por un lado, se ve a los psicólogos y psiquiatras como el último recurso, como el profesional a quien se dirigen las personas que han traspasado la frontera de la normalidad, es decir, «los locos». Aunque debido a los procesos de urbanización y globalización esta percepción está cambiando paulatinamente, todavía predomina en muchos sectores de la población hispana. Otra razón puede estar en el hecho que la familia extendida, incluyendo padrinos y compadres, son vistos como los recursos más próximos y «naturales» para obtener consejo en caso de necesidad. En la Iglesia Católica, usualmente los sacerdotes han sido los asesores y consejeros de las clases sociales acomodadas, mientras que los pobres eran descuidados en este servicio aunque tenían acceso al confesionario. Con el vertiginoso crecimiento del protestantismo, cada vez se demanda más y más este servicio por parte de los pastores. Aunque el consejo pastoral sea parte integral de su oficio, el problema que se puede presentar es que el ministro no esté debidamente preparado para desempeñar tal función. Es muy común que se confunda asesorar/aconsejar con dar «buenos consejos» saturados de textos bíblicos. Los buenos consejos tienen su lugar en el trabajo pastoral, especialmente cuando son solicitados, pero de ninguna manera representan el ministerio de acompañar a las personas en su desarrollo a fin de que puedan hacer decisiones sabias, vivir en la luz de Dios y confrontar los problemas de la vida con madurez y esperanza. Los buenos consejos, mientras más efectivos sean, corren mayor peligro de propiciar dependencia e inmadurez. De modo que, cuando una familia viene en busca de consejo pastoral, los consejeros deben tener en mente las siguientes presuposiciones:

2.1. *La familia que busca al consejero pastoral ya ha caminado un buen trecho en su camino hacia la restauración de su salud.* Ninguna familia pide asesoramiento apenas surge un problema. Por lo general busca ayuda cuando la tensión ha llegado a un nivel insoportable o cuando ha agotado todos los recursos acostumbrados y disponibles. Cuando una familia llega a la oficina pastoral —o cuando el consejero es invitado a casa después de concretar una cita para tratar un problema específico— ha dado ya algunos pasos significativos para la resolución de sus preocupaciones. Se ha dado cuenta que necesita ayuda; ha tomado la iniciativa para buscarla; ha hecho arreglos en su horario para acudir a la cita. Es decir, ha asumido responsabilidad por su situación, ha invertido tiempo y esfuerzo en la búsqueda de su bienestar, y con ello se ha apropiado de su proceso.

... Por lo tanto... Dios merece la alabanza, y la familia el reconocimiento por su valentía y voluntad de buscar alter-

nativas para su situación. La consejera debe comunicar, de todas las formas posibles, ese reconocimiento y la convicción de que la familia cuenta ya con recursos humanos y divinos para su sanidad y desarrollo.

2.2 *Una familia, por lo general, busca asesoramiento en un momento crucial de su desarrollo, casi siempre en un punto importante de transición o en una crisis.* Individuos y familias atraviesan por estados de desarrollo que son universales y predecibles (ver los capítulos 3 y 4). Los procesos de desarrollo familiar han sido conceptualizados convencionalmente alrededor de ciertos eventos como el inicio del matrimonio, el advenimiento y el cuidado de los hijos, el alentar a que sus hijos vuelen con sus propias alas, la jubilación, y muchos otros. En las familias latinas, los linderos de las etapas de desarrollo han estado poco definidos. Por ejemplo, la adolescencia en un ambiente agrario, hasta hace poco, era más corta, y llegar a ser adulto no era tan complicado como en los medios urbanos. Los jóvenes comenzaban sus propias familias no lejos de sus padres y a veces bajo el mismo techo. Los nietos llegaban pronto y eran criados por toda la familia extendida. Los procesos de urbanización, modernización, migración y globalización han perturbado ese aparente suave movimiento familiar de una generación a otra y de una etapa a otra en el ciclo de vida de una familia. Al comparar la vida de hace medio siglo con la de hoy, nos damos cuenta de que hay cambios dramáticos que se han incorporado al desarrollo de cada ciclo. Las transiciones de una etapa a otra tienden a ser más difíciles y dolorosas.[4] En todo el mundo la familia hoy en día sufre el desarraigo, el incremento del costo de vida, la falta de seguridad en el trabajo, la carencia de redes de apoyo para la crianza de los hijos, el constante sobresalto por el aumento de la criminalidad y el terrorismo. Si estas situaciones provocan estrés en todas las familias, todavía es peor para las familias que social y económicamente son menos favorecidas. La acumulación del estrés en tiempos de transición —cuando la familia es más vulnerable— a menudo presentará síntomas, dolor y la necesidad de ayuda de parte de un consejero o consejera.

... Por lo tanto... la consejera pastoral no se apresura a poner letreros o a marcar a las familias y a sus miembros con etiquetas diagnósticas (patologizantes). Primero explo-

rará los obstáculos que estén impidiendo que la persona o familia evolucione y se mueva a la próxima etapa de su desarrollo. Utilizará un acercamiento «salutógeno»; es decir, se enfocará en los recursos que la persona o familia tienen para sanar más que en las carencias.

2.3   *Con frecuencia las expectativas de una familia consultante son confusas y a menudo contradictorias.* Si esto es cierto respecto a toda familia que busca ayuda, tiene un giro especial con los latinos que tendemos a expresarnos en círculos antes que en forma lineal. Las culturas pre-hispánicas también parecen privilegiar la expresión circular. El idioma puede prestarse para «ornamentar» un asunto antes de enfocarlo directamente. Esto se ve con frecuencia entre las familias hispanas inmigrantes que están en proceso de aculturación/asimilación; en otras palabras, cuando los valores y las normas de la cultura de origen coexisten con los valores y las normas de la nueva cultura que se imparten en la escuela, la iglesia, el lugar de trabajo, el vecindario, y otros más. El grado de aculturación o asimilación de una familia puede ir desde estar en la marginalidad hasta la plena aculturación o asimilación, pasando por un estado de dualidad cultural.[5] De manera individual toda persona pasa por este proceso, pero la familia como un todo también lo experimenta. A pesar de ello, las familias parecen «asignar» roles a sus miembros que permiten mantener el equilibrio (homeostasis). Así, si un miembro se distingue por elogiar las virtudes de la nueva situación y empuja al sistema familiar hacia un mayor grado de integración en la nueva cultura, otro miembro lo critica y pondera las virtudes de la cultura de origen. Esta tensión no se resuelve del todo en una sola generación.

> ... ***Por lo tanto...*** la consejera pastoral, lo más pronto posible, trabajará con sus consultantes para definir: 1) lo que la familia espera del proceso de ayuda y de la consejera; 2) el problema inicial que se debe abordar; y 3) cómo se sabrá que se ha logrado las metas o se ha progresado en el asesoramiento.

III. Presuposiciones respecto al CONSEJERO

Todo consejero, sin importar su marco teórico, juega un papel activo al facilitar y guiar las interacciones en la consulta. De manera continua, e incluso inconscientemente, se efectúan negociaciones entre el consejero, la familia y sus miembros individuales. De la misma manera en que las familias revelan los valores del ambiente del que proceden, los consejeros también reflejan los valores culturales de su grupo de procedencia, su cosmovisión, sus convicciones teológicas y su predilección por ciertas teorías y técnicas. Las siguientes presuposiciones sobre la persona del consejero —elemento componente del sistema terapéutico— ayudarán a tener una mejor perspectiva en el trabajo del asesor pastoral.

3.1   *La identidad cultural y de género siempre acompañarán al consejero pastoral.* Cuando una persona ejerce la función de asesor o consejero —al igual que en cualquier otro trabajo— no se puede desasociar de su identidad. Yo, por ejemplo, soy varón, latinoamericano, de más de 50 años, casado con la misma mujer por más de 30, y con tres hijos adultos y dos nietos pequeños. Después de entrenar consejeros pastorales y terapeutas familiares por casi 20 años, mi principal trabajo ahora es entrenar pastores y líderes hispanos para mi iglesia en los Estados Unidos. Este corto resumen de mi vida tiene mucho que ver con la forma en que asesoro a las familias, sean hispanas o no. Tengo ventajas, ciertamente, cuando asesoro a la primera generación de hispanos inmigrantes en los Estados Unidos, pero pierdo esa ventaja cuando trabajo con la segunda o tercera generación. Como varón, aunque hago todo el esfuerzo posible, me cuesta trabajo entender totalmente a una madre que lucha con su sentimiento de culpa por dejar a su pequeño hijo en la escuela para ir a trabajar. En otras palabras, los consejeros pastorales también somos seres humanos, producto de nuestra propia cultura, enriquecidos y limitados por nuestra propia historia, identidad y género.

> *... Por lo tanto...* la consejera pastoral debe tomar conciencia de quién es, de su etnicidad, su género, su clase social, las ventajas y las limitaciones con las que se conecta y acompaña a las personas y familias que asesora.

3.2   Con mucha frecuencia el consejero pastoral intercambia dos oficios: el de pastor y el de consejero. Los pastores «se ponen varios sombreros» en su trabajo: de evangelista, maestro, predicador, consolador, exhortador, consejero. Cada una de esas funciones requiere el ejercicio de destrezas específicas. La gente los ve sin todas esas distinciones. Sin embargo, como dijimos en la Introducción de este libro, es imprescindible, saludable y necesario asumir conscientemente la función que el pastor ejerce cuando usa «el sombrero de asesor o consejero» y no otro. Para ofrecer asesoramiento debe estar seguro que las personas han tomado la iniciativa y solicitado ese servicio. Si el pastor los busca, les podrá ofrecer otros servicios: orientación, exhortación, oración, consuelo, pero no asesoramiento.

> **... Por lo tanto...** es deber del consejero pastoral estar consciente de «ponerse el sombrero» apropiado para no entrar en dinámicas que provoquen confusión para sí mismo y en las personas que atiende.

IV. Presuposiciones respecto al PROCESO

En la cultura occidental, especialmente en la norteamericana, el individuo es la unidad operacional. La independencia y la autonomía son altamente valoradas y premiadas. La terapia generalmente estimula las opciones individuales sobre las familiares. Los hispanos, por el contrario, nos relacionamos, por lo general, en una forma «colateral»; esto es, que la opinión de familiares, amigos y colegas cuenta mucho, tanto para la celebración de los triunfos como para la resolución de los problemas. Entre los hispanos las relaciones se construyen a partir de la confianza. La gente se aproxima a los consejeros no por sus grados académicos ni por sus credenciales religiosas, sino por el nivel de confianza que evocan en la persona o familia. Esto pone el asesoramiento con hispanos en un proceso especial en el cual se deben tener en cuenta las siguientes presuposiciones.

4.1   Toda relación humana —incluyendo la relación de ayuda— atraviesa por un proceso. La relación de ayuda llamada asesoramiento o consejo pastoral se inicia, como hemos venido diciendo, cuando la persona, pareja o familia toma la iniciativa y pide esa ayuda. Sólo así se puede saber que las personas están listas para este tipo de ayuda; por decirlo de manera popular: «que la masa está lista para tamales». Además, la relación de una familia latina con su consejero estará coloreada por el tipo de relación que incluye la expectativa: «Si yo confío en usted, usted no me puede fallar». Esta expectativa puede ser aún mayor si el consejero es un pastor, sacerdote o rabino, de quienes se supone que viven más cerca de Dios, que sus oraciones tienen mayor alcance, y que su tarea es la salvación y la salud de todas las almas. Debido a la larga y muy enraizada tradición católica-romana en donde el sacerdote es el intermediario de los bienes sagrados, esta creencia, aunque no sea verbalizada, parece existir incluso entre los evangélicos que afirmamos el sacerdocio universal de todos los creyentes. Esto puede producir un sentimiento de ansiedad en el consejero o consejera. Ya que los consejeros son los responsables por guiar el proceso hacia un fin saludable y satisfactorio para todos, necesitan tener claro cómo comenzar el asesoramiento, qué hacer durante el proceso y cómo terminarlo. Sobre todo, deben saber cómo controlar la ansiedad sin perder el contacto.[6]

... Por lo tanto... la responsabilidad del consejero o consejera es mantener sus manos en el timón y, al mismo tiempo, revisar que su conexión con los consultantes se mantenga saludable. Guardar ese equilibrio lo ayudará a guiar sin imponerse, a evitar las luchas de poder y a resistir la manipulación de quienes «han confiado» en él o ella.

4.2   *El consejo pastoral tiene sus límites.* En ninguna relación de ayuda, incluyendo la que se ofrece en nombre de Cristo, funciona la «varita mágica». Ningún consejero puede solucionar todas las necesidades presentadas, esperadas o requeridas por quienes lo consultan. Los consejeros pastorales estarán en contacto continuo con una abrumadora cantidad de necesidades, problemas y desafíos. El asesoramiento no es el único modo de ayudar, ni siquiera el más importante. Hay otras áreas del saber humano que pueden intervenir para hacer la evaluación de una situación y hallar la solución para los problemas relacionados con el motivo de consulta. Un examen médico puede revelar un desbalance hormonal relacionado con la depresión, o una mala dieta puede ser responsable por la distracción y poco rendimiento escolar. Hay otros niveles de intervención en los cuales los consejeros pastorales —al igual que todos los cristianos— debemos participar. Los servicios de compasión y misericordia, la acción social en búsqueda de justicia y reconciliación, la organización comunitaria, el cuidado de la creación y la intervención política, son apenas algunas de las esferas legítimas de trabajo que están más allá del asesoramiento.

> ... *Por lo tanto...* tan pronto como le sea posible, la consejera pastoral necesita discernir cuáles metas serán posibles y alcanzables en el asesoramiento, a fin de acordarlas con la familia; y cuáles áreas requerirán la evaluación de otros profesionales, y/u otros niveles de intervención.

4.3   *La perspectiva espiritual no puede esconderse.* Cuando las personas —creyentes o no— acuden al consejero cristiano, no esperan recibir una evaluación psicológica de su situación o de sus dificultades y dolores, sino una opinión, un acompañamiento y un consuelo que incluya la dimensión espiritual. Hoy más que nunca la gente sabe que sus dolores y desajustes no sólo son el resultado de desbalances químicos, psicológicos o sociales, sino también el producto de herencias ancestrales, de fuerzas espirituales de maldad, de valores equivocados. Sobre todo, los hispanoamericanos —que han sido nutridos tanto por el animismo pre-hispánico, la cosmovisión africana y el misticismo católico ibérico— intuyen que sus sufrimientos y sus soluciones deben tener componentes que están más allá de su comprensión y alcance. Por ejemplo, todavía es posible encontrar familias latinas en las cuales los hijos se despiden de sus padres pidiéndoles la bendición. En el conversar cotidiano —y ahora incluso entre los artistas de la televisión— es posible encontrar que se usan frases como: «Dios mediante», «¡Gracias a Dios!», «Que Dios te bendiga», lo cual expresa una profunda convicción en la cultura de que lo sobrenatural se hace presente en lo natural, de que lo eterno irrumpe en la historia humana. Así pues, cuando una persona o una familia latina busca a un consejero cristiano —repetimos una vez más— lo que espera no es tanto un agudo análisis clínico de su caso, y un tratamiento psicológico. Más bien —y por encima de todo— espera alguna luz espiritual, alguna promesa bíblica, alguna palabra de fe y esperanza, alguna intercesión y bendición. Sin embargo, esto no excusa al consejero pastoral de prepararse adecuadamente para esta noble tarea de aconsejamiento mediante la adquisición de ciertos conocimientos, el manejo de ciertas destrezas, el crecimiento personal y la supervisión adecuada.

... Por lo tanto... la consejera pastoral debe recordar con frecuencia que su trabajo es un ministerio que se origina en el corazón amoroso de Dios Padre, quien anhela la salud y la reconciliación de toda Su creación, modelado en la persona y obra de Dios Hijo (Jesucristo), y capacitado por la acción poderosa de Dios Espíritu Santo.

NOTAS

[1] Elaine P. Congress, «Crisis Intervention with Cultural Diverse Families», en Albert C. Roberts, editor, *Crisis Intervention Handbook, Assessment, Treatment and Research*, 2nd ed.; New York: Oxford University Press, 2000. También, de la misma autora, véase «Crisis Intervention with Hispanic Clients in an Urban Mental Health Clinic», en Albert C. Roberts, editor; Crisis Intervention Handbook (Belmont, CA: Wadsword, 1990).

[2] John Westerhoff, «La iglesia y la familia» en Jorge E. Maldonado, editor, *Fundamentos bíblico-teológicos del matrimonio y la familia*. Grand Rapids: Libros Desafío, 1996, p. 152-153.

[3] Ver, por ejemplo: Celia J. Falicov, *Latino Families in Therapy*, The Guilford Press, New York, 1998. Harry J. Aponte, *Bread & Spirit, Therapy with the New Poor*, New York, W.W. Norton, 1994. Patricia Minuchin, Jorge Colapinto, Salvador Minuchin, *Working with Families of the Poor*, New York: The Guilford Press, 1998.

[4] Wen-Shing Tseng y Jin Hsu, «Culture and Family: Problems and Therapy», en Monica McGoldrick, John K. Pearce, and Joseph Giodano, eds., *Ethnicity and Family Therapy*, The Guildford Press, New York, 1982.

[5] Categorías definidas por Clyde Kluckholm y Fred L. Strodtbeck en *Variations in Value Orientation*, Row, Patterson and Co., Evanston, IL, y desarrolladas por M.K. Ho en *Family Therapy with Ethnic Minorities*, Sage Publications, Newbury Park, CA, 1987.

[6] Concepto elaborado por Edwin H. Friedman en *Generación a generación: El proceso de las familias en la iglesia y la sinagoga*, Grand Rapids: Eerdmans/Libros Desafío, 1996, p. 285-288.

III. La relación de pareja: El eje de las relaciones familiares

$\mathcal{E}$ste capítulo podría parecer irrelevante para quienes no viven en pareja, ya sea porque hasta el momento permanecen solteras, han enviudado, se han divorciado o han optado por mantenerse en esta condición. Sin embargo, la raza humana se propaga no sólo porque varón y hembra —por encargo del Creador— se reproducen, sino también porque ambos intervienen en el cuidado y la socialización de las nuevas generaciones. Recordemos que los seres humanos, a diferencia de los animales, requieren un prolongado cuidado de parte de sus progenitores para sobrevivir y alcanzar la capacidad de valerse por sí mismos.

El desarrollo de la relación de pareja es de vital importancia para el desarrollo de todos los miembros de la familia, de la iglesia y de la sociedad. Sin embargo, muy pocos esfuerzos se dedican a su desarrollo. Nuestra cultura, por ejemplo, celebra la maternidad, la paternidad, la niñez, la juventud, incluso el día del amor y la amistad, pero no la vida de pareja. Los lugares en donde más se menciona la relación de pareja son las telenovelas y las canciones populares, pero de manera distorsionada, porque la mayoría de las veces la infidelidad, el engaño, el sometimiento y la venganza son los temas dominantes.

Se asume, por otro lado, que las parejas que se aman aprenden a relacionarse en forma espontánea. Cuando yo me casé, el pastor que oficiaba la ceremonia dijo: «Ahora ustedes dos entran en el santo estado del matrimonio». Eso me hizo pensar en el matrimonio como algo estático, y muy dentro de mí, dije: «Al fin llegué. ¡Ahora puedo descansar!» Como pueden predecirlo, no fue así. En realidad recién comenzaba el verdadero trabajo de construir una relación de pareja, de formar un hogar... ¡y yo no estaba preparado! Todos nos preparamos para una carrera, una profesión, un negocio, pero muy pocos lo hacemos para la vida de pareja. Por lo tanto, reproducimos —por lo general sin estar conscientes— los modelos de pareja de nuestras respectivas familias de origen, porque fueron los modelos que bebimos con la leche materna.

Nuestra cultura ha equipado a hombres y mujeres con la habilidad para enamorarse e iniciar una relación, pero no con las destrezas para permanecer en el amor. En el último medio siglo —al menos en el mundo occidental— los roles de las mujeres y su autopercepción han cambiado radicalmente. Además, por primera vez en la historia, las mujeres insisten en mantener una intimidad emocional real en sus matrimonios y los hombres no hemos podido responder efectivamente a esa necesidad. «La descripción de trabajo para los hombres ha cambiado y los hombres no están preparados para el cambio», nos dice Terrence Real,[1] un experimentado terapeuta en estos asuntos. No criamos —y nunca lo hemos hecho— muchachos y hombres para ser compañeros íntimos, sino todo lo contrario: a ser duros, competitivos, estoicos, a anestesiar sus propios sentimientos. Esos valores que nuestra cultura machista nos instaló desde niños hacen que lleguemos a ser pésimos esposos. Cuando somos confrontados, defensivamente nos escapamos a nuestra «grandiosidad», dice Real. Las mujeres, por el contrario, han sido socializadas para complacer, condescender, proteger y manipular. La grandiosidad impide el buen juicio y es como una droga: recurrimos a ella para no sentir dolor. Los «grandiosos» no sienten dolor, los que lo rodean, sí. Es muy limitante trabajar solamente con el hombre grandioso, ya que por lo general es emocionalmente insensible. Los grandiosos sólo pueden recuperarse trabajando junto a otras personas. «Nadie recupera su capacidad para relacionarse haciéndolo solo», concluye Real.

He aquí el desafío para la iglesia en el siglo XXI: que en comunidad se libere a hombres y mujeres de sus papeles machistas, dolorosamente complementarios, y que se les encamine a la formación de relaciones sanas, saludablemente complementarias, en donde los valores del reino de Dios —amor, justicia, paz, solidaridad, fidelidad, etc.— estén presentes en las parejas, las familias, la congregación y la sociedad. Realizarse esto no es fácil porque es una forma de insurrección, ya que va en contra de la cultura y de la tradición que premian la grandiosidad en los hombres y la acomodación en las mujeres.

Hay pocas oportunidades para que las parejas revisen los modelos que recibieron de la cultura y de sus familias de origen, para que trabajen su relación y para que hagan los ajustes que les permita navegar por las aguas tumultuosas de la vida conjunta. La iglesia puede hacer uso de los «poderes» que posee —mencionados en el primer capítulo— para guiar con eficacia tanto a las parejas que tienen planes de comenzar su vida matrimonial (mediante la orientación pre-matrimonial), como a las que ya han comenzado su camino (mediante programas de enriquecimiento matrimonial[2]), y hasta a las que se encuentran en conflicto, están atascadas en alguna de las etapas de su desarrollo, o han sido atrapadas por una crisis (mediante el asesoramiento o la psicoterapia).

Una herramienta útil, en el trabajo pastoral con parejas, es la información respecto al desarrollo conjunto de la pareja, específicamente las etapas por las que generalmente atraviesa su relación. Tal información provee al consejero pastoral con un «mapa» en el cual ubicar a las parejas que asesora. Puede también ser muy útil como una herramienta educativa y preventiva en su congregación y su comunidad.

Existe una gran diversidad respecto a las maneras de concebir y clasificar el desarrollo de una pareja. Los expertos tienen diversos criterios para organizar ese desarrollo y lo han expuesto en esquemas que van desde las tres etapas hasta más de veinte. El asunto es complejo porque es como «tejer» con al menos cuatro «hilos» del desarrollo humano a la vez: 1) el desarrollo personal individual, 2) la relación de los cónyuges, 3) la relación de la pareja con sus respectivas familias de origen, y 4) la relación de la pareja con los hijos (sea que estén presentes o no).

Aquí voy a proponer un esquema relativamente sencillo que contiene siete etapas, y que fue expuesto en forma embrionaria en el Congreso de Análisis Transaccional llevado a cabo en Cuernavaca, México, en la década de 1980. A partir de mi propia investigación, la experiencia con mi propia pareja y la observación de las muchas parejas con las que interactúo en las aulas y en la consulta, lo he venido desarrollando. Estas etapas no pretenden ser una «camisa de fuerza» en la cual meter a todas las parejas. Más bien son guías o directrices que pueden ayudar a ubicar la etapa por la que está pasando la pareja en su desarrollo conjunto y a sugerir pasos concretos para que avancen hacia etapas de mayor satisfacción, salud y crecimiento. Ya que nos estamos enfocando en la relación de pareja, por ahora dejaremos a un lado los «hilos» del complicado tejido familiar, y a los cuales regresaremos en el capítulo siguiente. Estas etapas son:

1ª etapa:	La era romántica o «La luna de miel»
2ª etapa:	La vuelta a la realidad o «¡Esto no era lo que yo esperaba!»
3ª etapa:	La lucha por el poder o «¡Vamos a ver quién es quién!»
4ª etapa:	Desilusión y separación o «No sé si quiero seguir luchando...»
5ª etapa:	Renegociación y transformación o «¡El amor es más que sentimientos!»
6ª etapa:	Intimidad múltiple o «¡Ahora sí me caso contigo!»
7ª etapa:	Generatividad o «¡Nos damos juntos a los demás!»

Factores en el desarrollo de la relación de pareja

Aunque estas etapas pueden considerarse típicas en nuestra cultura occidental, no siempre se presentan con la claridad con que se expresan en el papel. Tampoco las etapas se suceden una a la otra de forma cronológica y ordenada. Algunas parejas se quedan más tiempo en unas etapas que en otras, y viven unas con más intensidad que otras. Algunas parejas regresan periódicamente a «visitar» etapas ya superadas. Otras se quedan atrapadas en una de ellas y les cuesta seguir adelante. Las variaciones dependen principalmente de tres factores: de los *modelos aprendidos* en la familia de origen, de la *madurez emocional* de cada uno de los cónyuges, y de la *disposición a crecer y a renegociar* la relación cuando se requiera.

Los modelos que aprendimos en nuestra familia de origen son tremendamente poderosos. Dichosa la pareja en la cual cada cónyuge proviene de un hogar estructurado, donde cada persona fue valorada, donde se vivió el perdón y la gracia, donde la comunicación era fluida y el afecto se expresaba con regularidad y espontaneidad; ¡cuentan con un gran tesoro! Estas parejas sabrán cómo resolver los innumerables e inevitables conflictos de la vida hogareña, expresarán sus sentimientos más libremente y se escucharán el uno al otro. Por otro lado, quienes provenimos de hogares no tan saludables hemos tenido que recorrer caminos largos y tortuosos para construir una vida de pareja que sea más satisfactoria que la de nuestros padres y así poder brindar modelos más saludables a nuestros hijos. Para ello hemos tenido que revisar y reformar nuestra herencia familiar, imitar modelos alternativos, buscar ayuda de otras personas y clamar a Dios, quien ha puesto a nuestro alcance los abundantes recursos de su Gracia, su Espíritu, su Palabra y su Iglesia.

La madurez emocional personal es un asunto de vital importancia para vivir en pareja. Y no hay que equivocarse: la madurez nada tiene que ver con la edad, porque hay personas jóvenes maduras y personas viejas inmaduras. Puesto de manera breve y sencilla, podríamos decir que *la madurez es la capacidad que tiene una persona para pararse en sus propios pies y asumir la responsabilidad por lo que es, siente y hace.* Cuando dos personas maduras se encuentran y deciden unir sus vidas podrán dialogar, expresar sus necesidades, exponer sus desacuerdos, buscar soluciones conjuntas y aprender de los errores a fin de seguir desarrollándose. Por el contrario, cuando dos personas inmaduras entran en una relación de tanta responsabilidad y tan compleja como la relación de pareja, van a culparse el uno al otro incluso por la más leve desdicha, van a escalar en sus conductas destructivas y van a transformar su sueño de felicidad conyugal en una pesadilla. A menos que se propongan madurar, para ellos la vida de pareja será un desastre. Este tipo de parejas van a necesitar la ayuda de su pastor, de un oído sabio, de un amigo o amiga «neutral», de un asesor, consejero o terapeuta que los guíe en esa aventura hacia la madurez.

La disposición a crecer y a renegociar la relación tiene que ver más con la voluntad que con los sentimientos. Todos los días nos enfrentamos a tomar decisiones: algunas decisiones nos benefician y otras nos perjudican; algunas glorifican a Dios y otras lo deshonran; unas edifican y otras destruyen; unas están de acuerdo con los valores del reino de Dios y otras con los valores de este mundo; y hay decisiones que están de parte de la salud y otras de parte de la enfermedad. La decisión de crecer y de revisar —e incluso renegociar— nuestras relaciones siempre será a favor de la salud y la vida. Los terapeutas familiares han documentado abundantemente el hecho de que las familias inflexibles impiden el desarrollo de sus miembros y están propensas a la disfunción y a la enfermedad.[3] Ahora entremos en la explicación de cada una de las etapas.

1ª etapa: La era romántica o «La luna de miel»

En nuestra cultura, donde tenemos la libertad para escoger pareja,[4] esta primera etapa comienza con el galanteo (o la «conquista» y la «seducción») y por lo general se prolonga hasta cierto tiempo después de la boda. Es la época de las ilusiones, cuando el corazón palpita con intensidad seguro de que se ha encontrado la persona con quien se va a compartir el resto de la vida, ¡tal como lo describen los cuentos infantiles!

No sólo los cuentos infantiles, sino también las telenovelas, las canciones, las películas y toda la cultura popular definen al amor como un sentimiento agradable que garantiza la felicidad y sobre el cual se debe construir la relación de pareja. En esta primera etapa, tanto la pareja como la felicidad son idealizados y cada personaje presenta su mejor lado. Él se convierte en el galán de palabras dulces, de atenciones y detalles, de serenatas y poesías; en fin, en el «príncipe azul». Ella, la «bella durmiente» del bosque, le espera siempre con su mejor sonrisa, en su mejor figura, perfumada y atenta. Ambos se hacen promesas de amor eterno, de felicidad inédita, de terapia total: «todo lo que has sufrido en la vida, conmigo lo vas a olvidar». Cada cual cree esas promesas sin cuestionarlas. Cada uno pone al otro en un pedestal, abriga expectativas no acordadas y siente que la felicidad está tan próxima que en cualquier momento la encontrarán a la vuelta de la esquina y la harán eterna huésped de su hogar. El sentimiento predominante parece ser el disfrute de la felicidad —sin importar cómo se la defina— tan próxima y tan real.

Algunas iglesias han institucionalizado programas de orientación pre-matrimonial para los enamorados que se han decidido a aceptar ese vínculo.[5] En las últimas décadas parece que las iglesias —tanto protestantes como católicas— han coincidido en no casar a ninguna pareja que no esté dispuesta a tener varias sesiones de asesoramiento que los prepare para la vida matrimonial. Algunos de estos programas contienen serias preguntas respecto a los motivos para desear contraer matrimonio, sobre las formas en que resuelven conflictos las respectivas familias de origen, y sobre las previsiones que han hecho para iniciar una vida conyugal saludable. La mayoría de los programas dan orientación sobre temas como la comunicación, la sexualidad, la relación con los parientes políticos, los preparativos para la boda, la ceremonia, los votos y otros más. En adición a todo eso, yo suelo requerir que los novios lean el artículo de Jay Haley —uno de los fundadores de la terapia familiar— sobre «Cómo construir un matrimonio infernal».[6] Ahí, y con un estilo muy propio, Haley señala los motivos equivocados —muchas veces ocultos a la propia conciencia— para contraer matrimonio: huir del control paterno, gozar de plena libertad y hacer lo que se les da en gana, resolver un embarazo no planeado y otros más.

Sin embargo, la mayoría de los novios que reciben orientación pre-matrimonial parecen estar viviendo con tal intensidad sus emociones que «andan en la luna», y su mente está concentrada en los preparativos para la boda antes que en la información impartida. Algo que yo encuentro muy provechoso es completar la orientación pre-matrimonial con un «seguimiento» de tres a seis meses después de la boda. Es decir, cuando los novios ya han «aterrizado» de su luna de miel y están más receptivos, o cuando empiezan a experimentar las tensiones naturales de su nueva vida como pareja. A esta práctica le llamo «el chequeo de las 5,000 millas» y tiene el propósito de contribuir a mejorar el inicio de la vida matrimonial.

Terapeutas familiares respetables[7] afirman que cada etapa de la vida conyugal y familiar requiere que se cumplan ciertas **metas** que van a propiciar el desarrollo de la relación e impedir que se estanque. He aquí algunas de las principales sugeridas para esta etapa:

• Salir de la casa paternal, lo cual significa asumir la responsabilidad emocional y financiera de y por sí mismos.
• Diferenciarse[8] de la familia de origen respectiva y definir los límites intergeneracionales. Se debe aclarar que *diferenciación* no significa ruptura. Más bien significa abrir las maletas que cargamos en nuestro viaje por la vida y examinarlas, y conscientemente decidir lo que queremos seguir llevando (valores, identidad étnica y cultural, una fe personal, etc.) y lo que queremos dejar en el camino (que tal vez les sirvió a nuestros padres pero ya no a nosotros). La diferenciación es la capacidad de definir las metas y los valores de su propia vida sin ceder a las presiones de su familia de origen. Es poder decir «yo» cuando los demás exigen «tú» y «nosotros». «Incluye su capacidad de mantener una presencia (relativamente) tranquila en medio de sistemas ansiosos, asumir la máxima responsabilidad por su propio destino y su ser emocional. Se puede medir en parte por la amplitud del repertorio propio de respuestas ante una crisis.»[9] El concepto de diferenciación es parecido al de individuación, pero resalta la capacidad que tienen las familias de atrapar a sus miembros en lealtades y deudas, y en mitos y tradiciones no saludables.
• Que la pareja pueda negociar las expectativas, las reglas y los espacios propios de la nueva unidad. Esto requiere diálogo, aceptación de la otra persona y respeto, así como la disposición de ambos de crear el «reino de lo nuestro».[10]
• Acordar asuntos relacionados con la procreación y el cuidado de los hijos, ya sea que estén en camino o que estén en la lista de espera, y especialmente si se descubren dificultades para la procreación o que exista la posibilidad de una enfermedad o deficiencia hereditaria.

2ª etapa: Vuelta a la realidad o «¡Esto no era lo que yo esperaba!»
Esta etapa comienza cuando los recién casados son enfrentados con las demandas y exigencias de la vida cotidiana y de la relación y se dan cuenta de que es diferente a lo que ellos esperaban. Descubren que además de disfrutar de las dulces promesas, de las buenas intenciones y de los nobles sentimientos, también hay que

pagar por la vivienda, la comida, el teléfono y la luz; hay que responsabilizarse por el cuidado del hogar; hay que acomodar los horarios para tener tiempo y disfrutar de la relación; hay que hacer espacio físico y emocional para el bebé que ya viene en camino, y un sin fin de cosas más. El diario convivir les ha permitido conocerse un poco más tal y como son. El «príncipe azul» tal vez ya empezó a mostrar sus lados desteñidos, y la «bella durmiente del bosque» a veces se levanta por el lado equivocado de la cama.

Las **tareas** que esta etapa también requiere para que la pareja se desarrolle durante el proceso de acoplamiento de la nueva unidad, son:

• Formar el sistema conyugal, y que incluya la mutualidad.
• Redefinir las relaciones familiares y de amigos a fin de incluir al cónyuge en ellas.
• Adaptar el sistema conyugal a fin de dar espacio físico y emocional a los hijos.
• Redefinir las relaciones con la familia extendida para incluir los nuevos roles de suegros, cuñados, abuelos, tíos y primos.

Si no se cumple adecuadamente con estas tareas, el acoplamiento puede retardarse, el romance resfriarse y ambos pueden acumular sentimientos de frustración. Cuando la pareja entra en una situación así, con frecuencia aparecen fantasías de reciprocidad : «Si vuelvo a ser lo suficientemente cariñoso o cariñosa, amable, paciente... mi pareja también lo será». El sentimiento generalizado en esta etapa parece ser el temor a perder el sueño de la felicidad tan cercana en la etapa anterior. Es entonces que pueden surgir conductas manipuladoras orientadas a conducir la relación a la idealizada etapa anterior. Pero la vida no va para atrás, sino que sigue su curso hacia adelante.

Las frustraciones en esta etapa todavía no generan suficiente inconformidad, tensión o ansiedad como para buscar ayuda. Si el consejero es también el pastor que los casó, puede encontrar provechoso incluir en sus sermones, en su enseñanza o en su «chequeo de las 5,000 millas» una contribución de Gary Smalley sobre cómo mantener el balance positivo en la cuenta emocional de la relación de pareja.[11] Smalley dice que así como hacemos depósitos y efectuamos retiros de dinero en un banco y nos regimos por el hecho de que no podemos sacar más de lo que depositamos, las fibras emocionales de la relación de pareja se rigen por principios parecidos. Para mantener un balance saludable en la relación, cada uno debe asegurarse de hacer más «depósitos» que «retiros». Un depósito es algo positivo que afirma y energiza al cónyuge: un toque amable, un oído atento, un «te quiero». Un retiro es cualquier cosa negativa que extrae la energía del cónyuge: una palabra áspera, una promesa incumplida, un sentimiento ignorado o descalificado, un ademán controlador. Cuanto más rápido se aprenda a mantener un balance positivo en la cuenta de la relación, ésta será más saludable. El problema es que muchas veces las «historias bancarias» de cada uno en la pareja antes de casarse no han sido saludables. Se han hecho depósitos y retiros en la vida de cada uno incluso antes de que tuvieran sentido de razón. Por lo tanto, las parejas necesitan tomar conciencia de su historia personal y aprender a compartirla con su cónyuge. De lo contario se arriesgan a transmitir o repetir, a quienes ahora están más próximos, las mismas carencias y abusos que experimentaron en su vida familiar. Si mis padres extraían mi energía diciéndome cosas negativas, es posible que yo reproduzca, sin darme cuenta, ese modelo en mi relación con mi esposa y mis hijos.

Pero también en nuestra «historia bancaria» habrá memoria de algunos depósitos que podemos traer a la conciencia y usar en nuestro favor: ¿qué nos energizaba cuando niños?, ¿cuando jóvenes?, ¿de recién casados? Mi cónyuge debería saberlo porque así tendría un mayor repertorio de dónde escoger y también estimularía su deseo de hacer depósitos en mi «cuenta emocional» que ayudaría a mi bienestar, y viceversa. Por ejemplo, si al conducir escucho que mi esposa me dice: «ya estás por encima de las 70 millas por hora» y me ofendo por ello guardando silencio, entonces eso es un retiro que hago. Y si protesto, es un retiro todavía mayor. Pero cuando disminuyo la velocidad para cuidar de ella y sus temores —como un regalo a su bienestar y no como «una derrota» a mi libertad— estoy haciendo un gran depósito. Si estoy de viaje y no la llamo regularmente para preguntarle cómo está e informarle cómo me ha ido, es un retiro serio. Ir de compras con ella por tres horas sin impacientarme y decirle que disfruto de su compañía aunque no compre nada, es un gran depósito. Cuando ella me acompaña a una reunión que tiene más significado para mí que para ella, yo siento que su cuenta de depósitos crece. Smalley sugiere que en los matrimonios de éxito, en donde el amor fluye y el compromiso se mantiene saludable, se efectúan un promedio de cinco depósitos por un retiro.

3ª etapa: La lucha por el poder o «¡Vamos a ver quién es quién!»

Esta etapa comienza cuando alguien (¡o ambos!) deja de pedir o esperar que el otro cumpla sus promesas y comienza a exigirlas. Aparecen los reclamos audibles o silenciosos, tales como: «¡Te voy a obligar a cumplir lo que me prometiste!» El pánico de perder para siempre el sueño de la felicidad se hace presente. Surgen las quejas amargas: «¡Me has defraudado!»; «¡Si no fuera por ti...!». Las conductas manipuladoras que pueden involucrar dinero, sexo, parientes, hijos, etc., van en aumento. El resultado es que hay peleas continuas, lo peor de cada uno sale a flote, se culpa al otro de todo, o al menos de la mayor parte de los problemas, y se cree sinceramente que «si tan sólo el/ella cambiara... ¡todo sería distinto!». El producto de todo esto son residuos amargos y cicatrices dolorosas.

En esta etapa es frecuente que se busque al confidente, al amigo, al pastor, incluso al consejero, para que le ayude «a cambiar al otro». Pastores y consejeros novatos pueden caer en esta «trampa inocente» y triangularse. En este punto el consejero pastoral tiene la oportunidad, el privilegio y la responsabilidad de llamar a ambos para tener una conversación franca y honesta. Si él efectuó el matrimonio, tiene el acceso para revisar con calma los temas de la orientación pre-matrimonial, verificar el cumplimiento de las tareas antes mencionadas, sondear niveles de madurez, detectar asuntos no resueltos con las familias de origen respectivas y resaltar las cosas que sí están haciendo bien. Ahora que la pareja se conoce mejor, se puede trabajar el temor a la fusión y se puede ofrecer herramientas para una mejor comunicación, para el manejo de la ira, para la resolución de conflictos y para la distribución o redistribución de roles y papeles.

Las tareas en esta etapa pueden ser una continuación y un refinamiento de las tareas en la etapa anterior, con las variantes de que sus hijos van a la escuela —o pueden estar iniciando la adolescencia— y que como pareja ahora se encuentran en la etapa más productiva de sus vidas laborales. Esto impone a la relación nuevos desafíos y las siguientes tareas impostergables:

• Desarrollar como pareja sus propias actividades, pasatiempos e intereses. Si la pareja descubre que su vida circula mayormente alrededor de la crianza de los hijos, es tiempo de dar prioridad al desarrollo de la relación de pareja.
• Unir fuerzas y acordar formas funcionales de manejar el hogar y los hijos, incluyendo la forma en que van a interactuar con la cultura de los jóvenes.
• Hacer un «cambio de marchas» en la relación padres-hijos a fin de dar espacio al adolescente para que pueda ejercitar una mayor autonomía, pero dentro de los límites acordados y negociados.

4ª etapa: Desilusión y separación o «No sé si quiero seguir luchando...»

La lucha por el poder deja a las personas desgastadas y su relación empobrecida. La cuarta etapa es muy difícil y peligrosa para la relación. Aquí es posible que se comience a abrigar pensamientos de ruptura. Esta etapa comienza cuando uno o ambos sienten que no vale la pena seguir luchando por alcanzar el sueño de la felicidad... al menos con esta persona. La duda —implícita o explícita— de continuar con la relación es típica de esta etapa. Los cónyuges experimentan una separación en lo emotivo, en lo sexual, en lo físico. Cada uno encuentra formas de llenar el vacío: la mujer puede dedicarse por entero a los hijos, a su carrera postergada, a las amistades, a las actividades sociales, a la iglesia. Por su lado el hombre puede encontrar mucho que hacer en su trabajo, en el sindicato, en la construcción de la casa, en el liderazgo en la iglesia, y muchos otros lugares. Se acomodan en la relación, pero no se acercan.

A estas alturas la pareja está en el momento preciso para tomar una decisión importante: crecer y re-negociar la relación, o romperla. Crecer y re-negociar la relación implica tomar responsabilidad por uno mismo, optar por actitudes conciliatorias y disponerse a hacer los ajustes necesarios. Romper la relación significa que se ha optado por una separación o un divorcio, acompañado, a veces, por la idea de que «si esta vez me equivoqué, no será así la próxima». Incluso algunos ya tienen visto el reemplazo, «alguien que verdaderamente me comprende» y que «¡por fin me hará feliz!». Es muy posible que quienes piensen así, en realidad no sean conscientes de que hay una enorme probabilidad de que comenzarán el ciclo otra vez por la primera etapa, aterrizarán en la realidad, entrarán en la lucha de poder y desembocarán de nuevo en la desilusión. Si no quieren madurar ahora y cambiar, entonces lo más seguro es que volverán a pasar por esas cuatro etapas en cada nueva relación que emprendan, convirtiéndolo en un círculo vicioso del que les será muy difícil salir. Tenemos ejemplos muy claros de esta opción entre las estrellas de Hollywood y otras personalidades de la farándula.

Es en esta cuarta etapa cuando las parejas acuden al pastor, al consejero o al terapeuta con una conciencia más clara de que ambos contribuyen a su malestar, que pueden ser igualmente responsables del deterioro de la relación y que ambos deben hacer cambios. Esto facilita el trabajo del consejero porque ahora puede enfocarse en la renegociación y en el reajuste de la relación.

La decisión de romper la relación con frecuencia se complica por asuntos que han quedado inconclusos en el desarrollo personal de cada miembro de la pareja. Es típico que esta etapa también se haga más compleja si también está aparejada con la crisis de la edad madura. Hoy sabemos que las parejas son más vulnerables cuando los hijos están llegando a su mayoría de edad y «amenazan» con abandonar el nido para volar con sus propias alas.[12] Debido a que la cultura latina pone en un pedestal el papel de madre sacrificada y de padre ejemplar, y si por dos décadas los esposos solamente se han enfocado en la crianza de los hijos, cuando estos se van, papá y mamá un día se despiertan «desempleados», sintiéndose como dos extraños que comparten el mismo techo y habiendo perdido la razón de sus vidas. No es sorprendente encontrar altos índices de divorcios cuando los hijos entran en la edad adulta. También es frecuente encontrar que el hijo más leal —que coincide con ser el más inteligente, sensible y programado por el sistema para unir a la familia— hace algunas maniobras inconscientes para «salvar a la familia»: no termina sus estudios, se mete en drogas y otros problemas, fracasa en su trabajo o vida de pareja, y entonces «regresa a casa». Así pues, aunque le cuesta su propio desarrollo, logra mantener unidos a papá y mamá ocupados en la noble tarea de salvar a su hijo. La tarea primordial para la pareja en esta etapa es decidir qué van a hacer con su matrimonio.

5ª etapa: Renegociación y transformación o «¡El amor es más que sentimientos!»

Las parejas que optan por crecer, renegociar la relación y hacer los ajustes necesarios entran en una etapa de transformación y crecimiento. Nadie pasa por la tercera y cuarta etapa sin experimentar algún tipo de transformación. Sin embargo, se requiere el compromiso consciente de ambos para salir adelante. Cada uno debe asumir responsabilidad por lo que es, por lo que puede llegar a ser y por lo que puede aportar a la relación. También deben definir lo que esperan de la otra persona.

Aquí la consejera puede explicar que el amor es más que el palpitar del corazón, y que una relación tan importante como el matrimonio no puede fundamentarse en algo tan poco fiable como son los sentimientos. Al contrario, el amor conyugal se construye sobre la base de una relación de permanencia, fidelidad, solidaridad, cuidado mutuo y procreación, que llamamos matrimonio. El matrimonio es más que un compromiso entre dos personas que se aman, es más que un contrato social ante las leyes, es más que una ceremonia religiosa frente a familiares y amigos; es un pacto que hacemos ante el Dios eterno que nos creó a su imagen y semejanza, y con el impulso y la capacidad para esta relación. Ya que el matrimonio pertenece al orden de la Creación y no de la Iglesia, es universal y siempre se realiza delante de Dios, sin importar que los contrayentes lo hagan en forma privada o pública, delante de un pastor, sacerdote, o rabino, de un ministro musulmán, del jefe de su tribu, o del registro civil.

El diccionario *Pequeño Larousse Ilustrado* define la palabra *amor* como un «sentimiento que inclina el ánimo hacia lo que le place. Sentimiento apasionado hacia una persona del sexo opuesto». Sin embargo, a través del texto bíblico sabemos que los escritores sagrados utilizaron varias palabras para explicar la riqueza que está involucrada en este ingrediente universal de toda relación humana que es el amor. En el Antiguo Testamento, la palabra hebrea que se traduce por «amor» tiene connotaciones tan amplias como la palabra en español. Por el otro lado, en el griego que es el idioma del Nuevo Testamento, hay varias palabras iluminadoras: *storge* describe el afecto natural como el de una madre a un hijo; *filia* señala el afecto entre amigos o personas afines (los *filósofos*, por ejemplo, son los que aman la sabiduría); *eros* se relaciona con el amor físico, con la atracción sexual y el placer. Estos tres tipos de amor representan impulsos naturales, buscan la gratificación y están distorsionados por el pecado. Un cuarto tipo de amor es el *agape*, que es el amor desinteresado, que no se basa en ninguna necesidad, que no es evocado por algún rasgo atractivo de la otra persona, sino por el deseo de hacer el bien. Su fuente es Dios y su modelo es Jesucristo. En el matrimonio necesitamos los cuatro tipos de amor. Pero el *agape* debe redimir, restaurar, sanar y poner en perspectiva y balance a los otros tres. Estos cuatro tipos de amor manifiestan vivencias subjetivas (sentimientos), disposiciones del corazón y de la mente (actitudes), y formas de actuar y de reaccionar (conductas).

En este punto, el consejero pastoral puede explicar a la pareja que se encuentre en la quinta etapa de su trayectoria, que el amor es «como un pastel» que tiene tres partes: sentimientos, actitudes y acciones. Los sentimientos son las fibras más sensibles de nuestro ser. Los guardamos bajo siete llaves para no exponerlos a un posible desaire, una descalificación o un maltrato. Aunque los sentimientos juegan un papel muy importante en nuestras vidas y en nuestras relaciones, no sabemos —o no podemos— manejarlos a voluntad. Como pastor, consejero y terapeuta yo no sé cómo cambiar los sentimientos de las otras personas (y a veces ni los míos propios). Por eso, cuando asesoro a una pareja que se encuentra en esta etapa de su vida y que ha acordado trabajar su relación, prefiero comenzar con afirmar las actitudes saludables y las acciones apropiadas que están al alcance de su voluntad.

Comenzando con las actitudes, hay tres que son indispensables para proceder a renegociar la relación conyugal: el compromiso, la aceptación y el respeto. El *compromiso* implica que la pareja afirme su decisión de continuar unida y de darse una nueva y sincera oportunidad para construir su relación sobre bases más sólidas que el mero sentimiento romántico. Para los cristianos puede significar reafirmar los votos nupciales que hicieron delante de Dios.

La *aceptación* significa que ahora que se conocen tal y como son, pueden decidir aceptarse con sus virtudes y sus defectos. Sobre todo, significa renunciar a la ilusión —muy presente en las primeras etapas— de que uno puede cambiar al otro, o que el amor logrará los cambios simplemente. El matrimonio no es un reformatorio. Nadie puede cambiar al otro a la fuerza, sea la fuerza física, la del dinero, de la razón, la de los sentimientos, o simplemente la «fuerza hidráulica», la de las lágrimas. Sólo cuando nos sentimos aceptados nos sentimos motivados a cambiar. Cuando mi esposa me quiere cambiar, experimento y doy una enorme resistencia; pero cuando ella me acepta tal como soy me inunda una gran alegría y gratitud junto con el deseo de trabajar en los cambios que ella me ha pedido tomar en cuenta. Esa es la forma en que Dios opera con todos nosotros. Dios nos acepta en Cristo tal y como somos: «Pero Dios muestra su amor para con nosotros, en que siendo aún pecadores, Cristo murió por nosotros» (Ro. 5:8). Cuando venimos a Dios, nos acepta sin condiciones y, entonces, somos transformados por el poder de Su gracia y de Su amor.

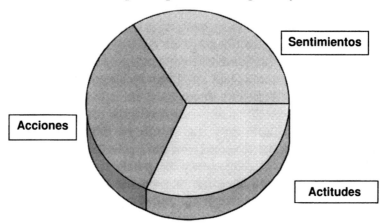

El *respeto* significa esencialmente la disposición y las acciones de honrar al cónyuge y darle el lugar que se merece, no sólo en el corazón, sino también en la sociedad, frente a los hijos y, sobre todo, frente a la propia familia de origen. A los hombres latinos que crecimos afectivamente «pegados» a la madre y socializados por la religión de la Virgen Madre, nos puede ser muy difícil dar el lugar que la Palabra de Dios pide para nuestras esposas: «Por tanto dejará el hombre a su padre y a su madre, se unirá a su mujer y serán una sola carne» (Gn. 2:24, citado por Jesús en Mt. 19:5 y en Mc. 10:7, y por Pablo en Ef. 5:31).

Las *conductas* están, con toda seguridad, bajo nuestra conciencia y voluntad. Un proverbio popular dice: «acciones borran pasiones». Lo contrario también es verdad: «acciones construyen pasiones». Recordemos cuán importantes eran las acciones en la etapa del galanteo. Los detalles no faltaban, las palabras eran escogidas, los gestos eran ensayados, los modales eran refinados y el cuidado personal era digno de una estrella de cine. Lastimosamente, durante las etapas difíciles que mencionamos ya hemos dado un giro de 180 grados —a veces sin darnos cuenta, a veces a propósito— y mostramos la parte más áspera, más egoísta, más insegura, más dominante, menos paciente y menos amorosa de nosotros. Es seguro que si mi pareja me hubiera conocido así, ¡no se hubiera casado conmigo!

Pero ahora que los dos se conocen mejor —incluso las partes más oscuras de su carácter y de su ser— tienen la oportunidad de volver a reconectarse mediante acciones agradables y significativas que pueden recuperar de la etapa del galanteo. La consejera puede explicar que para realizar estas acciones agradables, los cónyuges no tienen que estar «locamente enamorados». Las acciones pueden no ser espontáneas pero sí genuinas, nacidas del compromiso para crecer y desarrollar la relación. En este empeño, tales acciones van a tener que ser concretas, específicas y consistentes.

Para ayudar a los cónyuges a ser concretos, específicos y consistentes, la consejera puede proponer a la pareja una serie de sesiones en las que —además de trabajar los asuntos que la pareja necesite renegociar— se enfoque en las acciones, por medio de «mini-contratos», que pueden ser semanales, quincenales o «hasta la próxima sesión». Lo primero que hay que hacer es detectar cuál de los cónyuges está más dolido, resentido o molesto (digamos que es María) y se declara la «semana de María». Para ello se pide que María mencione tres cosas que Pedro pueda hacer por ella durante esa semana, y que a ella le sean agradables. La consejera puede utilizar el formulario sugerido abajo. Se espera que María responda y que la consejera desanime cualquier sugerencia de Pedro.

María debe estar segura de lo que sugiere a fin de que tenga mayor significado para ella. La consejera verifica, en las expresiones faciales de Pedro, si lo mencionado es también agradable para él (si tiene dudas le pregunta a Pedro directamente). Si lo que pide María es desagradable para Pedro, la consejera pide a María que piense en otra cosa. Es importante que lo que María propone sea algo muy específico y conductual; es decir, una acción sujeta a comprobación en la próxima sesión. Si María pide, por ejemplo, que Pedro cambie de carácter, la consejera le puede explicar que eso le será muy difícil en una semana y que los consejeros no han inventado todavía el «caracteronómetro» para medir los resultados.

MINI-CONTRATO CONDUCTUAL

Semana/s de privilegio de ___MARÍA___

Tres cosas que durante esta/s semana/s ___PEDRO___ puede hacer por MARÍA y que a ___MARÍA___ le son agradables.

1.	
2.	
3.	

En reciprocidad, y para mantener el balance, tres cosas que ___MARÍA___ puede hacer por ___PEDRO___ que a ___PEDRO___ le son agradables.

1.	
2.	
3.	

Acordado en _____ el día _____
    (Lugar)   (Fecha)

Firmas: _____ _____
    (Esposo)   (Esposa)

_____
                (Testigo/a)

Así pues, le solicita a María que piense en qué forma concreta le gustaría a ella tener, en esa semana, una manifestación visible del compromiso de Pedro para mejorar su relación. Que María proponga que Pedro se despida todas las mañanas con un beso, una sonrisa y un «que tengas un buen día» es aceptable porque es ejecutable y medible. Por lo general las mujeres escogen detalles pequeños pero significativos que les eran ofrecidos en la época del galanteo: que le llame por teléfono durante el día, que le traiga una flor, un chocolate o una tarjeta, que la escuche con atención, que le invite a salir a dar un paseo, que la acompañe a casa de su mamá y no la presione a regresar pronto. Cada cosa que María propone, la consejera debe escribirla y repetir en voz alta, esperando cualquier modificación de parte de María y esperando el asentimiento corporal o verbal de Pedro.

Cuando María ha expresado sus tres deseos y Pedro se ha comprometido a cumplirlos, la consejera pide a María (¡porque es su semana!) que, en reciprocidad, diga tres cosas que ella puede hacer por Pedro durante esta semana, que a Pedro le sean agradables, y verifica que Pedro también lo vaya a disfrutar. Generalmente las esposas encuentran que a sus maridos les gustan las expresiones de afecto, alguna comida especial y el sexo. La consejera tendrá cuidado de anotar qué día María va a cocinar el platillo favorito de Pedro o en qué noche va a tomar la iniciativa para hacer el amor, a fin de verificarlo en la siguiente sesión. Para finalizar, la consejera lee el mini-contrato. Si ambos están en pleno acuerdo, pide que lo firmen, y la consejera firma como testigo y pone la fecha. Entrega el documento a la pareja y guarda una copia para darle seguimiento.

La sesión siguiente la consejera puede verificar si el contrato fue cumplido y en qué proporción. Si hubo dificultad en el cumplimiento de alguna de sus cláusulas, esto le puede dar indicios para explorar alguna dificultad relacionada. Si la pareja se boicoteó al no cumplir más de la mitad del contrato, con mucha probabilidad hay dificultades más serias de las anticipadas y conviene encarar el asunto o referir a la pareja a un especialista. Si uno o dos de los seis compromisos asumidos en el mini-contrato no se cumplieron por razones justificadas (llovió y no pudieron salir o surgió una emergencia), se pregunta al cónyuge afectado si acepta una postergación de lo convenido para esta semana.

La consejera después puede formular otro mini-contrato en el que será la semana de Pedro. La consejera tendrá cuidado en administrar igual número de semanas de privilegio para cada cónyuge.

6ª etapa: Intimidad múltiple o «¡Ahora sí, me caso contigo!»

Parece que existieran varios tipos de matrimonio que se suceden unos a otros en la vida de los casados. El «matrimonio romántico» parece darse cuando los dos descubren que son el uno para el otro y deciden unir sus vidas. En la mayoría de los países latinoamericanos, el «matrimonio civil» se realiza frente a las autoridades y la sociedad. El «matrimonio eclesiástico» ocurre en la iglesia, ante Dios. Pero el «matrimonio psicológico», el que se define muy al interior de cada ser, el que quita las reservas y establece el vínculo con la otra persona, parece ocurrir en esta etapa, cuando cada uno crece en su capacidad de dar y recibir, de compartir sin temor a fusionarse, de aceptarse mutuamente sin imponerse ni tratar de cambiar al otro.

La intimidad, aunque tiene un componente físico muy importante, no se limita al sexo. Los consejeros cristianos Howard y Charlotte Clinebell, hace algunos años, escribieron un libro sobre la intimidad donde la describen como «un diamante multifacético».[13] Allí enumeran la existencia de doce tipos de intimidad: la sexual, la emocional, la intelectual, la estética, la creativa, la recreativa, la de trabajo, la de crisis, la de conflicto, la de compromiso, la espiritual y la de comunicación, fuente de todos los tipos de intimidad auténtica.

Las parejas que están en esta etapa encuentran que crecen en nuevas áreas de intimidad, sienten que se realizan como pareja, que participan en algo común que ambos disfrutan. Buscan nuevos amigos, nuevos pasatiempos, nuevos intereses. Para algunas parejas esta etapa coincide con la salida de los hijos del hogar y puede ser muy satisfactoria. Un buen porcentaje de parejas bien desarrolladas disfrutan ver a los hijos volar con sus propias alas, posiblemente porque, en forma explícita o implícita, han conseguido renegociar su relación. La literatura existente sobre terapia familiar documenta el hecho de que cuando los hijos dejan el hogar puede ser la época más vulnerable para la vida del matrimonio. Sobre todo cuando la pareja no ha logrado superar las otras etapas o renegociar su relación.

7ª *etapa: Generatividad o «¡Nos damos juntos a los demás!»*

Generatividad es una palabra inventada por Erik Erikson quien dijo que el desarrollo psico-social del ser humano atraviesa por ocho etapas.[14] De acuerdo con él, en cada una de esas etapas el ser humano se mueve dialécticamente (entre dos opuestos que buscan una síntesis) hacia una virtud. Erikson consideró que en la vida de toda persona hay un período de perfeccionamiento de todo lo que ha producido y es responsable. Hombres y mujeres generamos hijos, ideas, productos, obras de arte, etc., para las nuevas generaciones o nos estancamos en una especie de auto-absorción. Al generar para otros también estamos desarrollando la virtud del cuidado.

Lo que es cierto para el individuo lo es también para la pareja. La generatividad se da cuando la copa del matrimonio se ha llenado y se desborda; cuando la pareja ya no está absorta en su propia relación, y entonces *juntos* están en la capacidad de aportar vida, alegría, desafíos y modelos a las nuevas generaciones, la iglesia y la comunidad. El sentimiento prevaleciente es «no estamos viviendo en vano». En efecto, su capacidad de cuidar de otros y su sabiduría pueden ser los aportes que la iglesia ofrezca a sus miembros y a la comunidad en este delicado arte de crecer como pareja.

NOTAS

[1] Terrence Real, «The Awful Truth: Men Have not Been Raised for Intimacy», *Psychotherapy Networker* #62, Nov.-Dic., 2002.

[2] Jorge E. Maldonado, *Programa de enriquecimiento matrimonial: Manual para facilitadores*, El Paso, TX: Casa Bautista de Publicaciones (en prensa).

[3] Ver Mauricio Andolfi, *Detrás de la máscara familiar: La familia rígida, un modelo de psicoterapia relacional*, Buenos Aires: Amorrortu Editores, 1985.

[4] Tenemos que admitir que esta etapa puede estar ausente en algunas culturas donde, por ejemplo, es la familia, o el padre directamente, quien escoge al cónyuge, o en otros lugares donde la elección de la pareja se da por razones de supervivencia, como es el caso de un gran porcentaje en los países de los dos tercios del mundo.

[5] Un cuaderno latinoamericano en lenguaje sencillo y popular y con instrucciones para los pastores es el de Dorothy F. de Quijada, *Preparándonos para el matrimonio*, Eirene/Lima, 2000.

[6] Jay Haley, en *Las tácticas del poder de Jesucristo y otros ensayos*, Editorial Paidós, Barcelona, 1981.

[7] Betty Carter y Monica McGoldrick, *The Changing Family Life Cycle, A Framework for Family Therapy*, 2nd ed., Boston: Allyn and Bacon, 1989. Jay Haley, *Terapia no*

convencional, Buenos Aires: Amorrortu, 1980. Salvador Minuchin, *Técnicas de terapia familiar;* Barcelona, Paidós, 1984.

[8] Concepto desarrollado por Murray Bowen en 1974, *Family Therapy in Clinical Practice*, Northvale: Jason Aronson, 1990.

[9] Edwin Friedman, *Generación a generación*, Buenos Aires/Grand Rapids: Nueva Creación/Eerdmans, 1996, p. 46.

[10] Gilberto Brenson, *El reino de lo nuestro*, Bogotá: Editorial Tercer Mundo, 1980.

[11] Gary Smalley, conferencista y autor de varios libros sobre la vida de pareja. En especial ver «Advice You Can Bank On», resumido de «Making Love Last Forever» en *Focus on the Family*, February 1997, Colorado Springs, p. 2-4.

[12] Jay Haley, *Trastornos de la emancipación juvenil y terapia familiar*, Amorrorto Editores, Buenos Aires, 1985.

[13] Howard y Charlotte Clinebell, *Intimidad. Claves para la plenitud de la pareja*. Buenos Aires: Editorial La Aurora, 1973, p. 21 y 80.

[14] Erik H. Erikson, *Childhood and Society*. New York: Norton, 1951. Versión en castellano: *El niño y la sociedad*, 8ª reimpresión, Buenos Aires: Paidós, 1988.

IV. El desarrollo conjunto de la familia:
Un laberinto con sentido

$\mathcal{P}$ara quienes estudiaron el desarrollo humano en el mundo occidental —Freud, Erikson, Piaget, Kohlberg y otros— les fue difícil ver la realidad más allá del individuo. La familia era el trasfondo de la verdadera acción protagonizada por los individuos. Se pasó por alto tanto el verdadero poder terapéutico de la familia, como su influencia saboteadora.

Sólo a partir de la segunda mitad del siglo XX, con el surgimiento de la teoría de los sistemas y de la terapia familiar, fue posible ver al individuo en sus diferentes relaciones y refinar las herramientas para observar en conjunto esa célula primaria de la sociedad que llamamos familia. Hoy está bien establecido que las familias evolucionan y se desarrollan como un organismo, que pasan por diferentes etapas, que dan saltos cualitativos entre las maneras en que se relacionan sus miembros, y que enfrentan el surgimiento y la desaparición de nuevos roles o papeles en el ir y venir de las generaciones.

La mayoría de los grupos humanos reconoce que la vida circula a través de una serie de etapas. Las diversas culturas han diseñado rituales para señalar el paso de individuos y familias de una etapa a la siguiente. Con la complejidad de las sociedades modernas esos rituales de paso establecidos por generaciones tienden a perderse.

Las múltiples y nuevas demandas sobre las familias contemporáneas complican y dislocan lo que en el pasado era un proceso más o menos natural de transición dentro de una cultura determinada. Por ejemplo, asumimos que una nueva familia surge cuando dos personas del sexo opuesto establecen una relación íntima, bajo un mismo techo, con intenciones de permanencia, de cuidado mutuo y de procreación. Pero es más difícil determinar cuándo una familia deja de existir. Los hijos y los nietos, así como los matrimonios y las uniones que ellos establecen, extienden la vida familiar de generación a generación. Tal vez se pueda determinar el momento en que una familia nuclear llega a su fin debido a un divorcio, una separación, o por la salida o muerte de sus miembros.

Sociólogos, psicólogos y terapeutas familiares ven conjuntos

No sólo los psicólogos han hecho incursiones en el estudio del desarrollo humano. Los sociólogos también han enfocado su atención en la forma en que las familias se desarrollan y evolucionan. Evelyn Duval[1] y Reuben Hill,[2] a mediados del siglo pasado, definieron los criterios para dividir en etapas el desarrollo de una familia: cambios en el tamaño de la familia debido a adiciones y pérdidas de sus miembros, cambios en la edad de los hijos especialmente del mayor, y cambios relacionados a la posición de trabajo de aquellos que sostienen la familia. La familia fue percibida como el núcleo social en el cual sus miembros juegan dos tipos de roles, definidos tanto por su edad (niño, adolescente, adulto) como por su relación (esposo-esposa, padre-hijo, etc.). Cuando un cambio sustancial ocurre en estos roles, debido a los cambios en edad o en el número de miembros en la familia, todo el núcleo familiar es forzado a entrar en una nueva etapa, con los consecuentes cambios de papeles de sus integrantes.

La imagen predecible de una familia que se mueve en forma tranquila de una etapa a otra en su desarrollo parece no encajar con la realidad de ninguna familia. Los estudiosos han señalado que siempre hay elementos de estrés que están presentes no sólo en las etapas, sino especialmente entre las etapas. Los cambios no siempre están sincronizados entre los miembros de una familia. Al parecer, cada miembro de la familia tiene su propio ritmo. El concepto de estrés o tensión ayudó a los sociólogos de la familia a entender mejor cómo los factores económicos, las pérdidas infringidas por la guerra, los cambios en los roles tradicionales inducidos por la revolución industrial y la revolución sexual afectaban al desarrollo de la familia. Se comprobó que el estrés tiene diversos efectos en las vidas de las familias. La combinación de estrés (E) más los recursos (R) de la familia o de la sociedad para enfrentar el estrés, más las interpretaciones (I) de la familia respecto al estrés da como resultado —que es siempre impredecible— un signo de interrogación o factor X. De la combinación de estos tres factores depende si una familia entra en crisis, procede a hacer cambios significativos para desembocar en una nueva etapa, o se resiste al cambio y procura que las cosas se mantengan «igual».

Con el surgimiento de la terapia familiar, en la década de 1950, se desarrolló una nueva perspectiva para intervenir en la familia tomando en cuenta el desarrollo humano conjunto. La familia fue observada en su interrelación, como un sistema vivo de complejidad extrema.[3] Se enfatizó que las familias forman parte de otros sistemas más amplios y que, en intercambio permanente con su ambiente y movida por demandas internas, están en continuo proceso de transformación. El cambio, sin embargo, no es uniforme. Al igual que otros organismos vivos, simultáneamente la familia tiende hacia la conservación y hacia la evolución. En toda familia hay fuerzas que tienden a mantener su estabilidad y fuerzas que la empujan a transformarse. Toda familia posee capacidades asombrosas para adaptarse y, al mismo tiempo, para mantener su continuidad. En los sistemas vivos las fluctuaciones internas y externas producen, con frecuencia, nuevas estructuras. Por lo general, una nueva estructura aporta nuevas aptitudes y habilidades para funcionar a un nivel más alto. Cuando esto ocurre en las familias, estas han dado un salto cualitativo y han entrado en una nueva etapa de su desarrollo.

En la segunda mitad del siglo XX, Michael Solomon[4] —con base en Erik Erikson— y Jay Haley[5] —basado en Milton Erickson— sugirieron diferentes etapas para la vida familiar. Coincidieron, sin embargo, en afirmar que las familias en cada etapa deberían manejar ciertas habilidades o destrezas y ejecutar tareas que las prepararían para la próxima etapa. No cumplir con esas tareas era la causa de dificultades que se volvían crónicas en la familia, mientras que llevarlas a cabo señalaría la adecuada preparación para la nueva etapa. Estos y otros investigadores sugirieron que los síntomas en los miembros individuales suelen ser signos de las dificultades que la familia experimenta en los momentos de transición a la siguiente etapa de su desarrollo.

Jay Haley señaló siete etapas progresivas del desarrollo familiar: el galanteo, el matrimonio y sus consecuencias, el nacimiento de los hijos y el trato con ellos, la familia con hijos pequeños, dificultades matrimoniales del período intermedio, el destete de los padres, y el retiro de la vida activa y la vejez. Además, puso el énfasis en la complejidad de las relaciones en cada una de las etapas ya que, al entrar en una familia, entramos en toda una intrincada red en la que hay múltiples procesos que ocurren simultáneamente. La diferencia fundamental entre el ser humano y los animales —decía Haley— es que los humanos tenemos parientes políticos. El matrimonio no es meramente la unión de dos personas, sino la conjunción de dos familias que ejercen su influencia y crean una compleja red de relaciones y subsistemas.

Salvador Minuchin, de origen argentino, es otro de los personajes influyentes en el estudio de la familia y su ciclo vital. Trabajó en los Kibutz de Israel y luego con familias inmigrantes puertorriqueñas en Nueva York. Minuchin afirma que la familia, como grupo natural, elabora pautas de interacción para crecer y para recibir auxilio. Estas constituyen la estructura familiar, que a su vez rige el funcionamiento de sus miembros, define su gama de conductas y facilita su interacción recíproca. La familia necesita de una estructura que sea adecuada para desempeñar sus tareas esenciales: es decir, apoyar la individuación y, al mismo tiempo, proporcionar un sentimiento de pertenencia. Minuchin describe el desarrollo familiar en cuatro etapas: la formación de la pareja, la familia con hijos pequeños, la familia con hijos de edad escolar o adolescentes, la familia con hijos adultos. Su enfoque está, obviamente, en la forma en que al entrar, cambiar de edad y salir del núcleo, los hijos afectan la estructura de la familia durante el transcurso normal de la vida.[6]

En 1980, Betty Carter y Mónica McGoldrick sistematizaron más de treinta años de investigación y práctica clínica en los Estados Unidos. Reconociendo que estaban expresando lo que habían encontrado en las familias norteamericanas de clase media (ver el cuadro que sigue) estaban conscientes de que no podían hablar para todas las familias del mundo. Sin embargo, las seis etapas del ciclo vital de la familia que ellas proponen —utilizando el criterio de cambio de edad como el factor decisivo en el desarrollo familiar— han llegado a ser un punto de referencia muy importante para consejeros, pastores y educadores de todo el mundo. Las autoras advierten, sin embargo, que una rígida aplicación de sus ideas al ciclo vital «normal» de una familia puede ocasionar un auto-examen que cause ansiedad y levante temores de que cualquier desviación de lo propuesto signifique patología. Por otro lado, señalan que quienes sostienen que cada generación es única más bien lo que hacen es crear un sentido de discontinuidad con el pasado, devaluar el papel de la crianza y dejar sin sentido la relación entre generaciones.[7]

Etapas del ciclo vital de una familia norteamericana de clase media

ETAPAS	Proceso emocional de transición y principios claves	CAMBIOS DE SEGUNDO ORDEN REQUERIDOS EN EL *STATUS* DE LA FAMILIA PARA SU DESARROLLO
1. Salir de casa: jóvenes adultos solteros	Aceptación de responsabilidades emocionales y financieras de sí mismos	**a.** Diferenciarse en relación a la familia de origen. **b.** Entablar relaciones con gente de su edad. **c.** Organizarse respecto al trabajo y adquirir independencia económica.
2. La unión de familias a través del matrimonio: La nueva pareja	Compromiso con el nuevo sistema	**a.** Formar el sistema conyugal. **b.** Redefinir las relaciones con la familia extendida y amigos, a fin de incluir al cónyuge.
3. Familias con hijos pequeños	Aceptación de los nuevos miembros en el sistema familiar	**a.** Adaptar el sistema conyugal para dar un espacio a los hijos. **b.** Compartir la educación de los hijos así como las obligaciones domésticas y financieras. **c.** Redefinir las relaciones con la familia extendida para incluir los roles de los padres y de los abuelos.
4. Familias con hijos adolescentes	Mayor flexibilidad de los límites familiares a fin de tomar en cuenta la independencia de los hijos, y encarar la disminución de fuerzas de los abuelos.	**a.** Cambiar la relación padres-hijos a fin de dar espacio al adolescente para entrar y salir del sistema. **b.** Concentrarse en los aspectos conyugales y profesionales de la edad mediana. **c.** Ocuparse ambos de la generación más vieja.
5. Lanzar a los hijos al mundo y seguir adelante	Aceptación de la diversidad de salidas y entradas en el sistema familiar.	**a.** Renegociar el sistema conyugal como una diada. **b.** Desarrollar relaciones adulto-adulto entre padres e hijos crecidos. **c.** Afrontar las minusvalías y la muerte de los abuelos.
6. Familias en la tercera edad	Aceptación de los cambios en los roles generacionales.	**a.** Mantener el interés en el funcionamiento de sí mismo y de la pareja a la luz del deterioro fisiológico; explorar posibles nuevos roles familiares y sociales. **b.** Brindar apoyo al papel central que le toca jugar a las nuevas generaciones. **c.** Dar cabida en el sistema a la sabiduría y a la experiencia de los mayores, brindándoles apoyo pero sin hacer demasiado por ellos. **d.** Afrontar la pérdida del cónyuge, hermanos y colegas y prepararse para la muerte. Hacer un repaso de la vida. Integración.

La preocupación de un experimentado terapeuta familiar

Los acercamientos sociológicos y terapéuticos que hemos mencionado parten de criterios cronológicos y numéricos: sostienen que los cambios se producen por la entrada o salida de miembros en la familia, sea que esto suceda gradualmente (por nacimiento, salidas a la universidad, matrimonio de los hijos, etc.) o en forma súbita (muertes prematuras, divorcios, etc.). Estas etapas tienden a presentarse como normativas y con la capacidad de empujar al sistema familiar hacia las etapas siguientes. Un profesor de la Universidad de Rochester, Layman Wynne, cuestionó este paradigma. Le preocupaba que, precisamente en los momentos de cambio, la calidad de relación familiar pudiera ser inapropiada, complicando la transición y haciéndola más difícil. Dependiendo de los ingredientes con los que se cuente, los cambios en la relación se suceden a una velocidad y en una secuencia que tienen su propia lógica interna. Esto significa que los cambios en el desarrollo de las relaciones se van a suceder, con mucha frecuencia, en forma no sincrónica ni cronológica.[8]

La calidad de relación —según Wynne— sucede de forma epigenética.[9] Es decir, cada etapa construye sobre las anteriores. Esto significa que los elementos constitutivos de una familia y sus experiencias se recombinan en cada fase evolutiva, para crear nuevas potencialidades biológicas y de conducta que, a su vez, ayudan a determinar la fase siguiente. Si en cualquier fase evolutiva dada, las transacciones se distorsionan u omiten, se alterarán todas las fases evolutivas subsiguientes, porque se edificarán sobre un substrato diferente.

Aunque la secuencia puede cesar su avance en cualquier etapa,[10] cinco procesos parecen desarrollarse de modo epigenético en los sistemas relacionales. Estos aparecen descritos en el orden en que generalmente se presentan y se afirman en una familia. La siguiente figura intenta mostrar la magnitud de cada proceso y el aporte que hace a la construcción del siguiente.

1. El *apego o cuidado solícito* en el vínculo afectivo complementario, generalmente presente entre progenitor-hijo, especialmente entre madre e hijo o hija.[11]

2. La *comunicación* consiste en el desarrollo de focos de atención compartidos, un «aquí y ahora» común que permite efectuar el intercambio de significados y mensajes.
3. La *resolución conjunta de problemas* es la participación de todos en los intereses, tareas y actividades cotidianas y recreativas que les permite enfrentar conflictos y resolver dificultades en forma conjunta.
4. La *mutualidad* es la integración flexible y duradera de un compromiso, a medida que transcurre el ciclo vital, sea que ocurran hechos inesperados y surjan nuevos intereses y aspiraciones. En esta etapa el apego experimenta reorganizaciones importantes, pero hay continuidad en la contribución de cada miembro.
5. La *intimidad* no es esencial para una relación duradera, pero sí es un corolario subjetivo de la mutualidad, siempre que se vuelva confiablemente asequible.

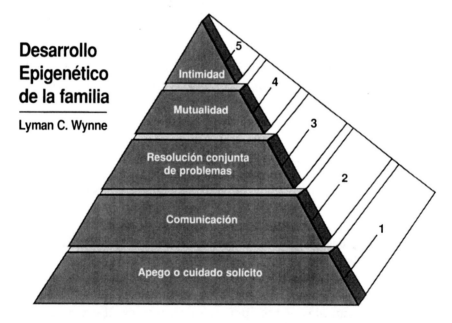

Desarrollo Epigenético de la familia

Lyman C. Wynne

5 Intimidad

4

Mutualidad

3

Resolución conjunta de problemas

2

Comunicación

1

Apego o cuidado solícito

Cuando el divorcio, la muerte o las nuevas nupcias alteran el ciclo vital de la familia —nos advierte Wynne— es difícil recuperar el impulso evolutivo. Es preciso recomenzar la secuencia epigenética. Es decir, se requiere volver a establecer nuevas pautas de apego/cuidado solícito, a fin de encontrar modos de comunicación empática y funcional que permitan elaborar actividades conjuntas y maneras de resolver juntos los problemas, para luego construir la mutualidad y la intimidad. Por ejemplo, el niño y su nuevo padrastro necesitan tiempo y esfuerzo para desarrollar algún tipo de ligazón afectiva antes de intentar establecer pautas de comunicación saludables y colaborar en la resolución de problemas. Sólo entonces podrían abordar el cultivo de la mutualidad y acaso de la intimidad.

Como principio general, los procesos de relación necesitan repetirse epigenéticamente a lo largo de la vida, dentro de la estructura de cada nueva relación duradera y a un ritmo que dependerá de las experiencias previas de cada persona y del «ajuste» desarrollado entre ellos. Esta secuencia se pone en movimiento con cada nuevo apego y se re-elabora con cada cambio que experimente el ciclo familiar.

El trabajo pastoral —tanto a los niveles de cuidado como de consejo— puede sacar mucho provecho de esta concepción del desarrollo familiar conjunto. Con frecuencia, educadores, pastores y consejeros nos frustramos cuando atendemos a una pareja que quiere trabajar su intimidad, pero no ha construido las bases anteriores (apego, comunicación, resolución conjunta de problemas y mutualidad). Cuando trabajamos con una familia que no puede resolver un problema tan sencillo —a nuestros ojos— como la disciplina con los pre-escolares, resultará ventajoso verificar si los bloques anteriores (el apego y la comunicación) existen con calidad suficiente como para trabajar juntos en la resolución de problemas.

Bisagras que abren el tiempo y la eternidad en las familias

Hay momentos cruciales en la vida de toda familia que son como ejes o bisagras que abren y cierran las puertas del tiempo y de la eternidad[12] y en los cuales el pastor —en su función de consejero o de cuidador— puede lograr asombrosos avances sanadores y restauradores de los defectuosos fundamentos en el apego, la comunicación y el manejo de conflictos, entre otros.

Edwin Friedman, un rabino que entrenó consejeros pastorales y asesoró a la Casa Blanca en asuntos de familia, encontró siete de esos momentos cruciales en la vida familiar. Por orden de importancia, los cuatro primeros corresponden al ciclo natural de la familia y van generalmente acompañados de ceremonias comunes a la mayoría de las tradiciones religiosas: 1) muertes y funerales, 2) enfermedades críticas, 3) bodas y matrimonios, 4) el nacimiento, incluyendo el bautismo de infantes o la circuncisión. Los tres restantes son fruto de la vida moderna, pero están igualmente cargados de procesos emocionales que dan oportunidad a intervenciones significativas. Estos son: 5) el divorcio, 6) la jubilación, y 7) el cambio geográfico. En los países pobres —o empobrecidos— y en los sectores marginados de los países ricos, los factores económicos pueden añadirse a la lista. En otros lugares la guerra, el narcotráfico y la corrupción también son factores que engendran tragedia, dolor y muerte. Al mismo tiempo, como toda crisis también incluye la promesa de la oportunidad, el consejero pastoral debe tomar esto en cuenta al realizar su trabajo. Nos dice Friedman:

> «Las ceremonias del ciclo vital captan los procesos sanadores del encuentro terapéutico mejor que ninguna otra experiencia religiosa. Las bodas, los funerales y ritos asociados con el nacimiento y la pubertad son formas antiguas, pero sus resultados son muy modernos. Los ritos del ciclo vital fueron los primeros intentos humanos de tratar con las principales áreas que abarca la psicoterapia moderna: el cambio y la separación. Fueron los primeros modos de terapia y, tanto originalmente como hoy en día, son realmente terapia familiar. En efecto, tanto su antigüedad como su contexto sugieren que la forma original de toda terapia fue la terapia familiar. Parece que hemos perdido de vista este hecho por el énfasis de la sanidad moderna en la personalidad y la psicodinámica. Esta pérdida ha privado al clero de oportunidades valiosas para comprender cómo opera el proceso emocional de la familia durante estos momentos significativos, así como la manera de aprovechar estas oportunidades para que la familia se sane a sí misma, y de fomentar la participación familiar para intensificar la espiritualidad de la ocasión. Ningún otro aspecto de nuestras obligaciones unifica mejor nuestras principales responsabilidades. En ningún otro momento funcionamos tan igualmente como sacerdotes (celebrantes) y pastores. En ningún otro momento podemos cumplir tan eficazmente con la parte pastoral de nuestro ministerio sin tener que adoptar modos y metáforas fuera de nuestro llamamiento. Y en ningún otro momento se hacen tan notorias las otras dos dimensiones principales de nues-

tro poder sanador: la singularidad de la entrada del clero en la vida familiar, y el poder inherente de nuestra posición en la comunidad.»[13]

Los seres humanos alrededor del mundo, independientemente de nuestra cultura, ideología o fe, hemos percibido correctamente que los momentos más significativos de la vida humana —cuando nace una criatura o muere un ser querido, cuando se unen dos familias en un matrimonio, cuando alguien se enferma, se traslada o se divorcia— algo sucede en las familias que puede propiciar enfermedad o salud. Los consejeros que estén alerta a estos momentos cruciales en la vida de toda familia sabrán que esas ocasiones pueden precipitar una crisis, pero que también pueden dar impulso a las intervenciones terapéuticas. Al mismo tiempo, se darán cuenta de que las familias que pasan extensos períodos sin la celebración de algún evento o sin alguna ceremonia o rito de transición tienden a atascarse en su desarrollo, y ese atascamiento, a su vez, las previene de iniciar o participar en ellos, y de esta manera van creando un círculo vicioso que jamás está de parte de la salud y del bienestar.

Trabajar los ritos de transición como algo inherente a la vida familiar facilita la labor de todo consejero. Aunque es el individuo quien nace, se casa, se enferma, se traslada, se jubila o se muere, la familia entera atraviesa esas puertas del tiempo y de la eternidad. Es posible que la familia en conjunto haga más y mayores cambios que el miembro individual. Las razones son sencillas aunque ocultas a simple vista. Según Friedman, los eventos del ciclo vital empiezan seis meses o un año antes de la mayoría de las ceremonias, y terminan en un plazo parecido. Sabemos con exactitud que los bebés nacen nueve meses después de su concepción, pero no estamos seguros de cuándo los procesos emocionales de ese advenimiento verdaderamente se iniciaron ni cuándo terminan. Algunos novios nunca abandonan emocionalmente el nido paterno, otros jamás disfrutaron de un verdadero hogar y no tienen modelos que implementar en la familia que están formando. Algunas personas han sido «enterradas antes de morir» y algunos difuntos «permanecen con vida» por largos años. Es cierto que en los momentos cruciales se destraban los sistemas emocionales de las familias y se abren y cierran más puertas del tiempo y de la eternidad que en sesiones regulares de terapia o asesoramiento.

«Los eventos del ciclo vital tienen el poder de un transportador futurista que puede atomizar a los parientes en una zona del tiempo para materializarlos en otra... Pueden trascender tanto abismos físicos como golfos emocionales. Tal vez ningún otro aspecto de la vida familiar provee mejores evidencias de que la distancia física no se puede igualar con el potencial emocional.»[14]

Las fuerzas que, por ejemplo, determinan quiénes asisten o no a una ceremonia familiar poco tienen que ver con la distancia geográfica y más con los procesos emocionales dentro de la familia. Esto cobra enorme importancia para familias latinas en los Estados Unidos que tienen familiares tanto al norte como al sur del Río Grande y a veces en ambos lados del Atlántico. Tiene mucha importancia también para el asesoramiento pastoral, pues una conducta que aparenta responder a un valor religioso puede tener una raíz emocional y viceversa. Ciertos valores —sin cuestionar su autenticidad— suelen camuflar los verdaderos asuntos emocionales no resueltos de generación en generación.

La **muerte** parece ser el evento más impactante en la vida familiar. Marca, por un lado, el final de la vida de alguien y, por otro, el comienzo de algo más. Tanto rupturas como reconciliaciones se dan frente al cuerpo inerte de un ser querido. Hay personas que se sienten liberadas ante la muerte de un pariente y otras que se sienten atoradas. Quien muere o está muriendo es parte de un organismo vivo más extenso en el espacio y en el tiempo. El objetivo del consejero pastoral en estas circunstancias es limpiar el sistema emocional de lo que ha quedado sin resolver a fin de que los sobrevivientes tengan mayores posibilidades de continuar su desarrollo y las familias prosperen en salud física, mental, social y espiritual. Para lograr esto, la consejera involucrará a toda la familia, también verá la crisis como una oportunidad, estará consciente de las posibles triangulaciones y mantendrá una presencia no ansiosa —aunque solidaria— con la familia.

Las **enfermedades terminales** también ofrecen oportunidades —impensables en otros momentos— de intimidad y de resolución de asuntos pendientes en las familias. La función de la consejera será facilitar que la familia acompañe emocionalmente al moribundo con objetivo de que pocos residuos emocionales perniciosos (secretos, duelos no procesados, dificultades para funcionar de individuos y familias, etc.) se sigan transmitiendo a las nuevas generaciones. Para lograr esto el consejero actúa como «entrenador» *(coach)* de toda la familia y no como un sustituto de ella frente al moribundo; hace preguntas a cada uno de los miembros sobre sus temores y preocupaciones respecto a la familia cuando el ser querido parta, y facilita la expresión de los sentimientos sabiendo que el consuelo y el procesamiento del duelo son fases subsiguientes a ese momento. También debe estar alerta a los intentos exagerados de alargar o acortar los períodos terminales, ya que estos intentos siempre indican que hay asuntos sin resolver dentro de la familia. La creencia de que la gente «no puede soportar la verdad» por lo general tiene más que ver con la ansiedad de los individuos que piensan así. Quienes pasan por una enfermedad crítica o una cirugía mayor también atraviesan por un «rito de transición» parecido. Nadie sale de una sala de operaciones o del pabellón de cuidados intensivos igual que como entró. Las decisiones que tomó en ese proceso, la nueva forma de mirar la vida, y las conductas subsecuentes afectarán a su pareja, a sus hijos, a sus familiares y su participación en la familia de fe. Cuando se puede asesorar a toda la familia antes de una intervención quirúrgica o en los momentos críticos de una recuperación, todos tendrán mejores oportunidades para procesar cambios orientados hacia la salud y la vida.

En las **bodas**, dos personas están una frente a la otra haciéndose promesas transcendentes delante de Dios, de la familia, de la congregación y de la sociedad. Tomar conciencia de los procesos emocionales que operan en bodas y matrimonios puede ayudar a consejeros, contrayentes y familiares a explicar, resolver y prevenir muchos conflictos. Friedman compara la boda a un témpano de hielo en movimiento: sólo la octava parte de su masa es visible, pero el impulso inicial puede tener impacto en la construcción de generaciones enteras. Con este entendimiento, el consejero puede incluir a miembros de la familia extendida en las conversaciones, la preparación y la ceremonia. Eso puede facilitar la transición y subrayar el mensaje bíblico de que mediante esta ceremonia —donde la pareja deja padre y madre para ser una sola carne— esta nueva unidad contrae privilegios y responsabilidades propios y trascendentes. El asunto emocional que tiene el mayor potencial para perturbar el desarrollo de esa nueva unidad puede ser el rechazo o no aceptación de la futura hija o hijo político. Que los contrayentes decidan navegar contra viento y marea sólo provoca una ruptura que siempre es maligna para la naciente relación. Una de las funciones principales del consejero es tomar en cuenta que los parientes que reaccionan negativamente a esa boda, por lo regular casi siempre están atrapados en algún triángulo emocional importante en sus propias familias de origen; que posiblemente hay poca diferenciación entre los novios y sus progenitores, y que posiblemente haya asuntos importantes sin resolver en el matrimonio del pariente que se opone, ya que los individuos satisfechos con su propio matrimonio no suelen reaccionar de manera intensa frente a otro. Los asuntos emocionales no resueltos en la familia política, con frecuencia, se esconden en argumentos filosóficos, ideológicos, culturales e incluso espirituales. Un paso acertado en el asesoramiento puede consistir en ayudar a la pareja a quitar la atención del contenido del asunto y ponerlo en los procesos emocionales. Examinar la historia familiar desde este enfoque ayuda a no tomar tan personalmente tales problemas. ¡El problema de los padres es que tuvieron padres! A veces una invitación conjunta a los abuelos para dialogar sobre los asuntos emocionales no resueltos con sus propios hijos suele ser apropiada. Puede ser que se descubra que las familias han estado pasando problemas de generación a generación que ahora no quieren seguir transmitiendo.

Cuando una criatura nace en un hogar, generalmente es un motivo de regocijo. Dios nos confía una vida y nos da con cada **nacimiento** una nueva y fresca oportunidad para construir un mundo mejor. La sociedad nos advierte que los niños tienen derechos humanos que debemos salvaguardar. Las familias ingresan a esos niños a sus sistemas y —dependiendo de su grado de salud— los sirven o se sirven de ellos. Un bebé puede añadir bendición sobre bendición, o puede servir para mantener la homeostasis (balance) de sistemas precarios. No es raro ver, en nuestras comunidades latinas, hijas que vuelven al hogar materno solamente para entregar un hijo a su madre para que ella lo cuide y lo eduque a cambio de su propia libertad; o matrimonios tambaleantes que piensan que el nacimiento de una criatura les traerá la estabilidad que les hace falta; o parejas indocumentadas que ven en el hijo nacido en los Estados Unidos al ciudadano que garantizará su permanencia; o familias que tienen hijos para reemplazar a parientes muertos, desaparecidos o distantes, y muchas cosas parecidas. Aunque la consejera, terapeuta o pastora esté tentada a participar en el descubrimiento de esas conexiones, la información verdaderamente útil tiene que ver con el grado de conciencia que ella tenga respecto al poder de los procesos emocionales —generalmente multigeneracionales— que producen el surgimiento de los problemas que atiende. Los pastores, rabinos y sacerdotes tienen oportunidades adicionales de intervenir, aconsejar y asesorar a toda la familia cuando bautizan, presentan o circuncidan a los hijos de sus feligreses.

Algunos momentos cruciales de transición en la época actual, como se dijo, no tienen conexión biológica alguna con el ciclo vital de una familia, pero están igualmente cargados de peligros y oportunidades. El **divorcio** es un proceso complicado y doloroso. Es como una amputación: a veces hay que cortar para salvar la vida, pero siempre duele, requiere ajustes importantes y deja marcas. La Biblia lo describe como un pecado (Malaquías 2:16) y Jesús lo vinculó a la dureza del corazón (Mateo 19:18).[15] Sin embargo, no es el pecado imperdonable ni siempre es evitable. Toda consejera cristiana que atiende divorcios o potenciales divorcios como motivos de consulta, necesita equiparse con una postura teológica informada, una compasión especial y una perspectiva de los procesos emocionales que operan antes, durante y después del divorcio.[16] Algunos grupos religiosos están innovando y experimentando con ceremonias de divorcio que faciliten este proceso.

La **jubilación** tiene más consecuencias para la vida familiar que lo que generalmente se piensa. Los militares lo saben ya que cuentan con un porcentaje elevado de divorciados entre sus jubilados. Cuando un matrimonio ha mantenido su equilibrio con base en la participación intensa de la mujer con los hijos y del hombre con su trabajo, la jubilación va a ser un factor de desequilibrio, especialmente si el que ahora entra a incorporarse al hogar ha sido excluido del círculo afectivo por mucho tiempo. Por el otro lado, si la relación de pareja no ha sido descuidada, la jubilación puede representar la oportunidad para una etapa muy fructífera y satisfactoria de ambos miembros de la pareja y de toda la familia.

El **cambio geográfico** de una familia la puede desarraigar y dejarla sin sus redes de apoyo habituales. Pero también puede representar oportunidades de una mejor vida, educación y salud tanto física como emocional para sus miembros. La consejera cristiana no debería desestimar el papel que juegan las iglesias en la vida de los recién llegados, desplazados, inmigrantes o como quiera llamarse a quienes han cambiado de lugar de residencia. Las iglesias pueden —y deberían— ser muy creativas en cuanto a rituales, ceremonias y programas de ayuda a las nuevas familias que se incorporan a la comunidad.

NOTAS

[1] Evelyn M. Duvall, *Marriage and Family Development*, 5th ed., Philadelphia: Lippincott.

[2] Reuben Hill «Methodological Issues in Family Development Research», *Family Process*, No. 3,1964, p. 186-206.

[3] Salvador Minuchin y Charles Fishman, *Técnicas de terapia familiar*, Barcelona: Ediciones Paidós, 1984, p. 29.

[4] Michael Solomon, «A Developmental Conceptual Premise for Family Therapy», *Family Process*, No. 12, 1973, p. 179-196.

[5] Jay Haley, *Terapia no-convencional*, Amorrortu, Buenos Aires, 1980.

[6] Minuchin y Fishman, *Técnicas de terapia familiar*, p. 25-40.

[7] Betty Carter & Monica McGoldrick, editoras, *The Changing Family Life Cycle. A Framework for Family Therapy*, 2nd ed. Boston: Allyn & Bacon 1989, p. 15.

[8] Laymann C. Wynn, «The Epigenesis of Relational Systems: A Model for Understanding Family Development», *Family Process*, vol. 23, No. 9, 1984.

[9] De los vocablos griegos: *epi*=que se apoya sobre; y *génesis*=que deviene. Es decir, que se apoya sobre los elementos inmediatamente anteriores.

[10] Lyman C. Wynne, *Un modelo epigenético de procesos familiares*, en Celia J. Falicov, comp., *Transiciones de la familia, continuidad y cambio en el ciclo de la vida*. Buenos Aires: Amorrortu editores, 1991.

[11] La teoría del apego *(attachment)* fue desarrollada con amplitud por el inglés John Bowlby, *Attachment*. New York: Basic Books, 1982.

[12] Concepto de Edwin Friedman en *Generación a generación: El proceso de las familias en la iglesia y la sinagoga*, Eerdmans/Libros Desafío, Grand Rapids, 1996. Ver el capítulo 7, «El enfoque sistémico de la familia en las ceremonias del ciclo vital».

[13] Ibid, p. 224.

[14] Friedman, p. 227.

[15] Para una discusión teológico-pastoral del tema, ver de la Alianza Evangélica Española, «El divorcio y las iglesias evangélicas» en Jorge E. Maldonado, editor, *Fundamentos bíblico-teológicos del matrimonio y la familia*, Buenos Aires/Grand Rapids: Nueva Creación/Eerdmans/Libros Desafío, 1995/2002.

[16] Betty Carter y Monica McGoldrick en *The Changing Family Life Cycle*, p. 22-24, ofrecen unos cuadros de las actitudes requeridas y de los procesos que facilitan un divorcio en sus diferentes fases, incluyendo un posible nuevo matrimonio. Hay traducción al español en, Jorge E. Maldonado, *Programa de enriquecimiento matrimonial: Manual para facilitadores*, El Paso, TX: Casa Bautista de Publicaciones, en prensa.

V. Familias saludables:
La meta de nuestro trabajo

$\mathcal{L}$os modelos médicos nos indujeron a pensar en la familia a la luz de sus carencias, desajustes, problemas y necesidades. Los recursos fueron colocados del lado de quienes la auxiliaban: los médicos, los psicólogos, los trabajadores sociales, las agencias de ayuda, e incluso la iglesia. Pero una lectura teológica del ser humano en general, y de la familia en particular, nos ubica en una perspectiva más equilibrada. Una antropología bíblica nos informa que aun en la condición de limitación, imperfección y finitud, la imagen de Dios en los seres humanos no se ha borrado ni cancelado; sólo se ha manchado, se ha distorsionado y, en muchos casos, se ha corrompido.[1] La iglesia predica, educa, exhorta, ora y aconseja con la certeza de que la gracia de Dios puede redimir y transformar las situaciones humanas, sin importar cuán difíciles éstas sean. Además, con el convencimiento de que el creador nos hizo con la capacidad de amar y de establecer relaciones profundas y significativas que comienzan con la pareja y la familia, podemos afirmar que la familia tiene recursos insospechados para su bienestar, salud y desarrollo en plenitud.

En las últimas dos décadas algunos investigadores se han preocupado por entender mejor cómo funcionan las familias y cómo mantienen sus recursos y su salud en medio de adversidades y tensiones. Se preguntan, por ejemplo: si el 50 por ciento de los matrimonios fracasan, ¿qué podemos aprender del otro 50 por ciento de las parejas que triunfan? Si las pandillas, la droga, el desempleo y la pobreza azotan a nuestras familias en los sectores populares, ¿qué nos enseñan los jóvenes que emergen íntegros de los barrios más peligrosos y marginados? Aquí vale la pena mencionar algunos estudios. En 1990, W. Robert Beavers de la Universidad de Texas y Robert B. Hampson de la Universidad Metodista del Sur, en Dallas, publicaron su libro *Familias Exitosas*,[2] que resumió 25 años de investigación y trabajo clínico combinando una orientación psiquiátrica con la teoría general de los sistemas. En Canadá, el Dr. Nathan B. Epstein y sus colegas, con casi cuatro décadas de experiencia e investigación desarrollaron el Modelo McMaster[3] para trabajar con los aspectos más importantes de la salud de una familia. La Dra. Froma Walsh de la Universidad de Chicago, después de más de veinte años de investigación, en 1998 publicó su libro *Strengthening Family Resilience*, como una contribución a la creación de un marco de referencia terapéutico y preventivo para el trabajo con familias.[4]

La palabra inglesa *resilience* describe la elasticidad de los objetos «que tienen el poder o la habilidad de volver a la forma o posición original después de haber sido doblados, comprimidos o estirados».[5] Ahora también se aplica a las personas y familias que muestran la capacidad de sobreponerse a los desafíos de la vida, de rebotar de las crisis y del constante estrés, o de recobrarse de una enfermedad o adversidad.[6]

Normalidad y salud

Podríamos entrar en una larga discusión sobre lo que constituye una familia normal. Para el propósito de nuestro trabajo baste señalar que los conceptos de normalidad son construidos socialmente y que la visión de la llamada «familia normal» está más en el ojo de quien la define. Por otro lado, que una familia normal esté libre de problemas es un mito. Además, pensar que la familia tradicional —idealizada por cada cultura— sea la norma, acarrea el peligro de considerar patológicas a todas las familias que no satisfacen esas categorías, o el de presentar visiones nostálgicas inalcanzables para las familias de hoy.[7] Por lo tanto, de manera personal yo prefiero trabajar con el concepto de salud, antes que con el de normalidad.

Sin embargo, ¿de dónde sacamos nuestros criterios para definir la salud? Ya que tradicionalmente la psicoterapia ha construido su cuerpo teórico a partir de las carencias y disfunciones, no ofrece aportes significativos para entender la salud. «Simplemente no hay categorías para construir una conceptualización de familia saludable», nos advierte Froma Walsh. Generalmente se la define por lo negativo: la que no es disfuncional. La mencionada autora cuenta que cuando en la década de 1970 estaba reclutando «familias normales» para integrar un grupo de control que le ayudaría en su estudio sobre la esquizofrenia, sufría la burla de sus colegas quienes le aseguraban que esas familias eran una especie ya extinguida. Ella, entonces, sugirió la siguiente definición de familia normal: «la que no haya sido todavía clínicamente evaluada».[8]

Algunos de los autores antes mencionados proponen complicados cuadros (Beavers y Hampson ofrecen un esquema de cinco variables y doce escalas; el Modelo McMaster desarrollado en Canadá por Nathan B. Epstein propone seis conceptos dimensionales; Froma Walsh ofrece nueve componentes organizados en tres categorías). Durante milenios, la tradición judeo-cristiana ha manejado —tanto en su reflexión como en su práctica, y con diversos niveles de claridad y éxito— criterios de salud extraídos de las Sagradas Escrituras.[9] Así que en este capítulo he optado por combinar, en lenguaje pastoral y cotidiano, las contribuciones de los autores contemporáneos que se enfocan en la salud de la familia con los principios procedentes de la revelación bíblica.

Para comenzar, debemos decir que entendemos la salud como un continuo que puede extenderse desde un -10 (carencia absoluta de salud) hasta un +10 (disfrute pleno de salud).

```
├─────────────────────────────┼─────────────────────────────┤
-10  -9  -8  -7  -6  -5  -4  -3  -2  -1   0  +1  +2  +3  +4  +5  +6  +7  +8  +9  +10
```

Sin embargo, vale la pena hacer dos aclaraciones respecto a lo dicho. En primer lugar, que la salud no es la mera ausencia de enfermedad, sino el balance armonioso del bienestar físico, mental, social y espiritual.[10] En segundo lugar, ninguna familia humana y mortal parece haber alcanzado +10 o mantenerlo en forma permanente. Las familias mejor estructuradas y funcionales se aproximan acaso al +7 o al +8, y las muy disfuncionales tampoco están en -10, pues disponen de recursos que les ha permitido sobrevivir y funcionar hasta el momento y no desaparecer.

Criterios para definir la salud de una familia

Definir criterios que faciliten la formación de familias saludables tiene una enorme importancia para todo el trabajo pastoral, incluyendo el asesoramiento. Estos criterios pueden imprimir dirección a todos los esfuerzos pastorales con la familia, como una serie de puntos de referencia o metas hacia las cuales dirigir la energía y los programas con familias de la congregación y de la comunidad. Si el consejo pastoral, por ejemplo, tan sólo se percibe como la acción que ayuda a resolver problemas, entonces cuando éstos se hayan resuelto —o disuelto— se habrán cumplido los objetivos de la ayuda, aunque no haya producido crecimiento ni nuevas destrezas para enfrentar los próximos desafíos de la vida. Si la meta, en cambio, es trabajar hacia el desarrollo integral de la persona, pareja o familia, hacia el creciente manejo de los recursos internos y externos, hacia la prevención de problemas, hacia la preparación para futuros desafíos, hacia relaciones cada vez más justas, sanas y funcionales, entonces habremos ofrecido un mejor servicio, más acorde con la salud, con los propósitos revelados de Dios para las familias y con la plenitud de vida que Cristo ofrece: «Yo he venido para que tengan vida y vida en abundancia» (Jn. 10:10).

1. Las familias saludables viven y transmiten valores espirituales.
Por mucho tiempo, el ámbito de los valores estuvo proscrito del terreno de la psicoterapia. Igual suerte corrieron la fe, la espiritualidad y la religión en general. Hoy la situación es diferente porque «la investigación ha comenzado a documentar los beneficios de la fe y del apoyo congregacional en el bienestar general y en la longevidad, así como en la recuperación de las enfermedades, de las pérdidas, de la drogadicción y de los traumas... Estudios hechos con individuos y familias *resilientes* han documentado el poder de la espiritualidad en los desafíos vitales y en las experiencias dolorosas».[11] En este nuevo clima terapéutico, la espiritualidad y los valores han dejado de ser temas de interés especializados para con-

vertirse en un caudal de experiencias que fluyen a través de todos los aspectos de la vida. La psicoterapia —nos dice Froma Walsh— puede convertirse en una experiencia espiritual profunda tanto para clientes como para terapeutas. «La misma esencia de la relación terapéutica y el cambio significativo son ultimadamente espirituales en naturaleza, fomentando la transformación personal, la plenitud, y la conexión relacional con otros». La espiritualidad, que en una época fuera considerada un tabú entre las profesiones de la salud mental, ahora ha comenzado a ser una nueva área de estudio, aunque «estamos recién comenzando a explorar esta dimensión de tanto significado para la experiencia humana en nuestro campo».[12]

Las familias competentes, exitosas o saludables que Beavers y Hampson estudiaron revelaron que la dimensión de la fe era un elemento importante en su vida. Estos autores observaron que «no todos en estas familias son personas demasiado religiosas, pero la mayoría de ellas parece tener una creencia en un orden superior al humano y en valores trascendentes que hacen que para ellas sea importante luchar y mejorar».[13] Por su lado, en sus investigaciones Froma Walsh encontró que el sistema de valores constituye «el corazón y el alma» de la capacidad de las familias para salir adelante en medio de circunstancias adversas, carencias y crisis. Usando un símil, Walsh nos dice que «las creencias son los lentes a través de los cuales miramos el mundo... definen qué vemos, qué no vemos y qué hacemos de nuestras percepciones. Las creencias están en el centro de lo que somos y de cómo hacemos sentido de nuestra experiencia».[14]

Como cristianos nos guiamos por los valores del reino de Dios: el amor, la paz, la justicia, la solidaridad, la esperanza, la fidelidad, la confianza, la mutualidad, la benignidad, el dominio propio y otros parecidos. Durante milenios estos valores han formado parte integral de las comunidades de fe que se esfuerzan por seguir a Jesucristo en el poder del Espíritu Santo, según las enseñanzas de las Sagradas Escrituras. Ya que éste no es un tratado de teología, solamente comentaré brevemente la tríada de valores que San Pablo menciona —y en el caso del amor describe— en 1 Co. 13:13: la fe, la esperanza y el amor.

La *fe* consiste en un sentido de orientación global hacia la vida que nos hace entenderla como manejable y significativa porque es un don del Creador. Es la convicción de que no estamos solos en el universo, de que el Creador es también el Sustentador y el Redentor. Es la habilidad de clarificar la naturaleza de los eventos y circunstancias con propósitos eternos y los problemas como medios que nos desafían a crecer y, por lo tanto, pueden ser superados con la ayuda de Dios.

Los sucesos de la vida que nos causan estrés son desconcertantes cuando percibimos que no tenemos ningún control sobre ellos y amenazan nuestra seguridad y permanencia. En un mundo cambiante todos buscamos algún nivel de permanencia. Sólo la fe nos pone en contacto con el Ser Supremo, con Dios, con los recursos —más allá de nuestras fuerzas— que sostienen tanto al universo como nuestras vidas. Esto no significa espiritualizarlo todo y descargarnos de nuestra responsabilidad. Una verdadera fe consiste en combinar sabiamente lo que nos corresponde realizar a los humanos y lo que sólo Dios puede hacer. Beavers y Hampson describen una versión secular de la fe. En su investigación encontraron que las familias que funcionan bien reconocen que el éxito depende de muchas variables, algunas de ellas que están más allá de su control. Sin embargo, comparten la convicción de que tener metas y propósitos puede hacer alguna diferencia en sus vidas y en las vidas de otros. Aunque aceptan las deficiencias humanas, al mismo tiempo creen que nadie es capaz de todo, pero tampoco nadie es completamente inútil. En contraste, las familias disfuncionales minimizan las fortalezas, exageran la seriedad de los errores y esperan consecuencias catastróficas.[15]

La fe conduce a la *esperanza*, que es un valor orientado hacia el futuro y esencial para «respirar» cuando el estrés y la ansiedad nos asfixia. La esperanza es necesaria para restaurar relaciones estropeadas, para reparar daños, para re-educarnos en un optimismo vigorizador. Existe sobrada evidencia de que el pesimismo —que es la falta de esperanza anclada en una persona, pareja o familia— va de la mano con la depresión, la debilidad del sistema inmunológico, el aislamiento, la enfermedad y la muerte. Tanto el optimismo como el pesimismo pueden ser aprendidos y por lo tanto también alterados.[16] Una familia saludable sabe evaluar la realidad —muchas veces difícil, cruel, devastadora— pero se resiste a vivir bajo la sombra de la desesperanza y del pesimismo. El optimismo

—no la ingenuidad— es una especie de vacuna psicológica frente a la adversidad.

¿Qué se podría decir sobre el *amor,* si todo parece haberse dicho? (Ver el capítulo 3 donde describimos al amor no sólo como un sentimiento, sino también como actitudes y acciones). Baste aquí señalar uno de sus aspectos prácticos. En la cultura occidental se enfatiza la responsabilidad individual como la clave para definir nuestro destino. Se da crédito a las personas y, si algo sale mal, se culpa a la familia (especialmente a las madres), a la cultura, la sociedad o al gobierno. En otras culturas, incluyendo las nativas americanas o las de procedencia africana, se consulta a los adivinos, los brujos o los chamanes para que expliquen la mala fortuna. Algunos —en todas las culturas— culpan a otros, al mundo cruel o a ellos mismos de sus percances. Otros aceptan con fatalismo y resignación «su destino» o «la voluntad de Dios». Eso nada tiene que ver con el mensaje bíblico sobre la fe, menos con la esperanza y menos aun con el amor.

Amor, en forma práctica, es también suspender el juicio y ampliar el abanico de explicaciones frente a un hecho desafortunado que afecta a la familia. Beavers y Hampson encontraron que las familias exitosas no se empeñaban en creer en una sola «causa» o en una causalidad lineal (¡eran sistémicos sin saberlo!). Por el contrario, estas familias consideraban que múltiples posibilidades podían contribuir a un problema específico y, por lo tanto, sus respuestas variaban en forma pragmática. Por ejemplo, si un niño riega un vaso de leche, existe un abanico de posibles explicaciones: ¿fue un accidente?, ¿una provocación?, ¿una búsqueda de atención?, ¿está cansado o ansioso?, ¿o será que simplemente las manos del niño son muy pequeñas para sostener el vaso? Las familias disfuncionales, en cambio —observaron Beavers y Hampson— tendían a adherirse a una sola explicación, con una sola causa, y por lo tanto eran propensas a culpar, sancionar y castigar. El resultado de ello era la baja estima en todos.[17]

El amor en la familia va más allá de los sentimientos y de las manifestaciones emotivas. En realidad implica voluntad, disciplina, autocontrol, disposición a perdonar y paciencia para manejar los múltiples desafíos diarios de la convivencia humana. Además, el amor debe ser incondicional y constante, debe ser un reflejo de la manera en que Dios nos ama. El apóstol Juan declara que «Nosotros lo amamos a él, porque él nos amó primero» (1 Jn. 4:19). Esto significa que el amor humano es siempre un «amor segundo», que se moldea a la luz del amor perfecto de Dios, el «amor primero». El amor perfecto de Dios es permanente, incluso nos asegura que aunque nosotros fuéremos infieles, «él permanece fiel, porque no puede negarse a sí mismo» (2 Ti. 2:13).

2. Las familias saludables mantienen estructuras consistentes y flexibles.

Algunos teóricos de las nuevas terapias proponen el fin del estructuralismo,[18] argumentando que la «metáfora arqueológica» ha sido ya superada por la «metáfora narrativa». Sin embargo, el concepto de estructura sigue siendo válido. Las familias deben estructurar su vida y sus relaciones para llevar a cabo tareas esenciales que ayudarán a su desarrollo conjunto y el bienestar de sus miembros. Las familias necesitan saber quién está a cargo, cuáles son las reglas y los límites, quién provee, educa y disciplina a los hijos, quién cuida de los desvalidos, los ancianos y los enfermos, y muchas otras cosas parecidas. Estos elementos, definidos como parte de la estructura de toda familia como sistema vivo, son de valor especial en momentos de transición, vulnerabilidad y crisis. Las familias están continuamente entre dos fuerzas simultáneas y aparentemente contradictorias: la estabilidad (homeostasis) y el cambio (formogénesis). Lo que facilita que las familias se mantengan saludables —aunque en permanente búsqueda de equilibrio— son las estructuras que le proveen estabilidad y, al mismo tiempo, suficiente flexibilidad para acomodar los nuevos y continuos cambios.

La *estabilidad* proviene de la capacidad de la familia para definir reglas claras y consistentes para las diversas edades, de designar o acordar roles para el bienestar de todos, de establecer patrones de interacción con límites claros y permeables, de mantener rutinas predecibles, etc. En las familias saludables las estructuras jerárquicas están bien definidas y demuestran un compromiso de cuidado y responsabilidad de quienes guían a la familia. Los miembros de una familia saludable saben lo que se espera de ellos y lo que ellos pueden esperar de los otros. Así pues, en una familia sana «los adultos a cargo no abdican su autoridad o responsabilidad... los padres o cuidadores estimulan el éxito de los hijos y recompensan las conductas adaptativas con atención, reconocimiento y aprobación».[19] En las familias menos funcionales hay demasiada o muy poca estructura, los padres usan coerción, se enfocan en las malas conductas, en los fracasos, en el control y el castigo. Cuando la familia atraviesa por los cambios propios del ciclo vital o enfrenta una crisis, y si no existe un liderazgo claro, entonces cunden la ansiedad y la confusión.

Ya que lo más seguro en la vida es el cambio, la *flexibilidad* permite que el cambio sea aceptado y procesado. La capacidad que tenga una familia para hacer ajustes cuando sean necesarios, siempre será una señal de salud. En los capítulos 3 y 4 procuramos esbozar los cambios propios de la vida de pareja y del conjunto familiar que propenden a la salud de todos sus miembros. Nunca estará por demás enfatizar esta cualidad en la relación de pareja. La literatura sobre terapia familiar recalca que la pareja debe evolucionar junta para enfrentar los múltiples desafíos de su relación y de las fuerzas externas. La capacidad para negociar y renegociar soluciones en forma conjunta es una muestra de flexibilidad y madurez. Ya que la pareja representa el eje de las otras relaciones familiares, su salud será el origen de la salud para todo el núcleo familiar. En cualquier pareja, la rigidez conduce al estrés, a la desunión y a la enfermedad. La pareja flexible, por el contrario, se convierte en una coalición parental igualitaria en donde el poder es compartido. Beavers y Hampson, afirman que todas la teorías sobre salud o competencia familiar dan primordial importancia a la fuerza y la calidad de la díada paterna con liderazgo compartido. Esto no implica un estatus *igual* de poder en *todos* los ámbitos, sino mas bien la capacidad de negociación y dirección competente, porque «un coliderazgo respetuoso y flexible, [son] cualidades importantes en cualquier empresa conjunta».[20] Beavers y Hampson observaron, en el extremo disfuncional de la escala, que uno de los padres, o los dos, entraban en coaliciones recíprocas con los niños, de quienes solicitaban apoyo, consejo y a menudo sustento.

En la estructura de una familia saludable también está presente la noción de *pertenencia* a una red de parientes, a un grupo étnico particular, a una herencia cultural específica, a una comunidad de fe. Las concepciones saludables del ser parecen estar vinculadas a la salud de estas relaciones. Las conexiones de parientes, comunidad y círculos de apoyo, incluyendo la familia de la fe, son una especie de redes salvadoras en los momentos de tensión, adversidad y crisis.

3. En las familias saludables la comunicación es clara y directa.

Una buena comunicación es vital para el óptimo funcionamiento familiar. Pero, ¿en qué consiste una buena comunicación? Su percepción puede variar de acuerdo a la cultura, la edad, la intensidad del momento y otros factores. La comunicación no es sólo un intercambio de información, sino también de significados, de valoración y de maniobras de conexión. La comunicación en el seno del hogar siempre entreteje elementos de contenido (información, opiniones, sentimientos) y de relación (valoración, control, validación). Las investigaciones sobre la comunicación en la pareja y la familia apuntan que podemos aprender las destrezas tanto para hablar como para escuchar. En efecto, aprendemos de nuestras familias de origen maneras funcionales o disfuncionales de comunicación. Existen tres aspectos que los expertos señalan como claves para una comunicación saludable: la claridad, la expresión abierta de los sentimientos y la colaboración en la resolución de problemas.[21] A esto debe añadirse que en las familias saludables el afecto se expresa con libertad y regularidad.

Así pues, en las familias saludables la comunicación es clara, específica y directa. Las personas en estas familias dicen lo que quieren decir y quieren decir lo que dicen. Hay consistencia y congruencia; es decir, no es ambigua ni contradictoria. Por el contrario, cuando la comunicación es vaga, ambigua y confusa, lleva a malos entendidos, rencillas y problemas. Beavers y Hampson encontraron que en el extremo más competente de la escala que mide la «claridad de expresión»[22], los miembros de la familia mantienen «una sensación de espontaneidad y aliento... (que) potencia la claridad contextual de cada uno de los miembros de la familia y de toda ella. Además, hay un grado de respeto y solicitud activa de mayor profundidad de expresión». Por lo tanto, también hay menos monopolización de la palabra y esto propicia un intercambio más activo entre los miembros de la familia. En en lugar de ignorarse, culparse, imponerse, herirse o competir, en estas familias sus miembros intentan ayudar a resolver los sentimientos ambivalentes que se dan entre ellos mediante afirmaciones y preguntas aclaratorias.

Parte de una comunicación saludable es que *las emociones no se reprimen*, sino que son permitidas y expresadas. En una familia que se comunica saludablemente, sus miembros se reconocen mutuamente cuando hablan y escuchan. Para ello han tenido que desarrollar una serie de destrezas relacionadas con el respeto y el cuidado por los sentimientos del otro, con la capacidad de hablar por uno mismo y no por los demás, con la capacidad de abrirse y asumir responsabilidad por los propios sentimientos y acciones, y algunas otras. En los niveles más competentes —según la escala de Beavers y Hampson— los miembros de la familia son claros y directos en la expresión abierta de sus sentimientos personales. A medida que cambian los temas que se están discutiendo también cambian los tonos emocionales de los individuos.[23]

Especialmente en momentos de crisis y cambios continuos la capacidad de *resolver problemas en conjunto* es una característica esencial de las familias saludables. Esto requiere tolerancia para disentir abiertamente y habilidades para acordar soluciones. Según Lyman Wynn (ver capítulo 4), estas capacidades se construyen sobre la base del apego solícito (*attachment*) y de la comunicación diaria. Es decir, si en la convivencia de la familia hay amor incondicional expresado y vivenciado, que se combina con la disposición a conversar sobre las pequeñas cosas diarias de la vida, esto produce que la capacidad de resolver problemas se acreciente. Por el contrario, cuando el amor no se expresa y cuando persisten problemas no resueltos entre los miembros de la familia, la ira, la frustración y el desánimo pueden bloquear la capacidad de la familia para resolver los problemas diarios y los que surgen con las crisis.[24]

Los pasos para establecer procesos efectivos para la resolución conjunta de problemas han sido identificados por Nathan B. Epstein y sus colegas en las ciudades de Montreal y Toronto, en Canadá. Ellos afirman que la habilidad de la familia para resolver problemas se refleja en el nivel de funcionamiento efectivo de la familia en tres tipos de tareas: las tareas básicas (comida, techo, dinero, transporte), las tareas de desarrollo y las tareas «azarosas» que involucran crisis por accidentes, enfermedades, pérdidas de trabajo, entre otros. Las familias que no pueden lidiar efectivamente con estos tres tipos de tareas están en la probabilidad de desarrollar problemas clínicos significativos y/o funciones maladaptativas crónicas en una o más áreas del funcionamiento familiar. Aunque estos investigadores encontraron que los problemas atacan por igual a las familias que funcionan más efectivamente como a las que funcionan menos efectivamente, la diferencia es clara por la manera en que las familias enfocan y enfrentan los problemas. Las familias efectivas siguen más o menos los siguientes siete pasos: 1) identifican el problema, 2) se comunican con las personas apropiadas respecto al problema, 3) desarrollan un conjunto de posibles soluciones o alternativas, 4) deciden seguir una de las alternativas, 5) ejecutan las acciones requeridas por la alternativa, 6) se aseguran que las acciones han sido llevadas a cabo, y 7) evalúan la efectividad del proceso de solución de problemas. Además, la mayoría de las familias efectivas tienen pocos o ningún problema no resuelto. Los problemas que existen son relativamente nuevos y son manejados con efectividad. Cuando una nueva situación problemática ocurre, la familia encara el problema en forma sistemática. A medida que el funcionamiento de la familia se vuelve menos efectivo, las conductas para resolver problemas familiares se vuelven menos sistemáticas y, por consecuencia, menos de los pasos antes dichos se llevan a efecto.[25]

Aunque la expresión de afecto no se puede medir ni pesar en forma objetiva, es algo muy presente en las familias saludables que *comunican (dan y reciben) afecto con libertad y regularidad.* El afecto suele expresarse tanto en palabras como en hechos, y ambas formas de expresión son necesarias y deben ser coherentes; es decir, no contradecirse sino reforzarse mutuamente. Nunca será demasiado decir a un hijo o a un cónyuge que se le ama, y demostrárselo con caricias y detalles. En las familias saludables se da afecto en forma incondicional, sólo por el hecho de ser parte de la familia. Eso no quiere decir que no se ejerza la disciplina cuando alguien comete una falta, sino que intencionalmente se preserva el ser de las personas y la disciplina se enfoca a las conductas. En las familias donde fluye el afecto en forma regular se puede notar energía, espontaneidad, alegría y optimismo.

4. En las familias saludables hay un clima propicio para el crecimiento.

Beavers y Hampson observaron que en las familias que mejor funcionan «...se crea una atmósfera en la que las personas se gustan unas a otras y se divierten juntas».[26] Por el contrario, las familias disfuncionales mostraron menos espontaneidad y menos energía; y un tono de depresión o desesperanza parecía invadir sus interacciones y limitar el desarrollo de su carácter.

Es admirable como termina el relato de Lucas 2:41-52 que describe el incidente en el que Jesús, de doce años, se pierde en Jerusalén en la fiesta de la Pascua y sus padres lo encuentran después de tres días. En medio de la tensión y la angustia, el v. 52 dice que «Jesús *crecía* en sabiduría y en estatura, y en gracia para con Dios y los hombres». Ésta, por cierto, es una familia saludable, que no carece de tensiones o problemas como cualquier otra familia plenamente humana, y en medio de un susto mayúsculo provee el ambiente para que el niño Jesús siga creciendo en los cuatro aspectos que hoy propone la psicología contemporánea (físico, mental, social y espiritual).[27]

En las familias saludables, *el buen humor se hace presente*. «La seriedad con la que las familias enfrentan sus problemas puede ser la mayor causa de sus dificultades», afirma Edwin H. Friedman, rabino, terapeuta familiar y asesor de la Casa Blanca en asuntos de familia. La seriedad presenta una paradoja, nos dice: si los miembros de una familia no toman en serio sus responsabilidades, la familia puede volverse inestable y caótica. Al mismo tiempo, «la seriedad puede resultar también destructiva. La seriedad es más que una actitud: es una orientación total, una forma de pensar arraigada en la ansiedad constante y crónica. Se caracteriza por la falta de flexibilidad...»[28] El antídoto para la seriedad es el humor o la jocosidad, como lo llama Friedman, que no se debe confundir con hacer chistes. Tiene que ver más bien con la capacidad de los miembros de una familia de mantener distancias flexibles, de distinguir los procesos de los contenidos y de no asumir innecesaria responsabilidad emocional por otros. El buen humor permite que una familia rompa el círculo vicioso de la retroalimentación que origina y mantiene a los problemas crónicos.

En las familias saludables *se vive el perdón*. Este es otro de los aspectos que las disciplinas humanas en general —no sólo la psicoterapia— tardaron mucho tiempo en reconocer como un componente importante de la salud. Cuando la cultura occidental puso el énfasis en la autonomía individual antes que en la vida comunitaria, en la conducta antes que en el carácter, en el progreso antes que en la evaluación, el perdón —en su concepción y práctica— fue marginalizado de la convivencia humana. Al identificar al perdón como vinculado a la fe y a la religión, se le proscribió de cualquier consideración profesional. Hoy la situación es diferente. Nuestro mundo afligido está redescubriendo el perdón en sus variadas dimensiones y a través de los lentes de las diversas disciplinas académicas.[29] El Dr. Robert D. Enright —y sus colegas en el Departamento de Psicología Educativa de la Universidad de Wisconsin-Madison— han llamado la atención de los académicos para que se estudie el perdón en forma interdisciplinaria. Su libro *Exploring Forgiveness*, editado con la escritora inglesa Joanna North,[30] marcó el inicio de una reflexión sólida sobre el tema, en el cual se incluye la dimensión religiosa y pastoral. El arzobispo anglicano Desmond Tutu, de Sudáfrica, en el Prefacio afirma que «sin perdón no hay futuro. Sin perdón el resentimiento crece en nuestro interior, un resentimiento que se torna en hostilidad y en rabia... El odio consume nuestro bienestar (por lo que) el perdón es un absoluto necesario para continuar la existencia humana. El mundo está al borde del desastre si no perdonamos, aceptamos el perdón y nos reconciliamos».

Perdonar es la disposición de abandonar el derecho de estar resentido, juzgar mal y ser indiferente hacia alguien que injustamente nos ha herido, y —al mismo tiempo— inclinarse hacia las cualidades de compasión, generosidad y amor hacia la persona que nos hizo mal. El perdón es principalmente un cambio de corazón y de mente.[31] Como no hay familias perfectas, el perdón es esencial para el desarrollo saludable de los miembros de la familia y de todo el conjunto. El falso perdón es un juego para ganar poder sobre otros. Cuando perdonamos le damos al que nos ofendió la bienvenida en la comunidad humana y lo vemos como igualmente digno de respeto.

El perdón como herramienta terapéutica ha recibido poca atención entre los profesionales de la salud mental. Sin embargo, Richard Frizgibbons, psiquiatra en el Hospital de la Universidad de Pennsylvania y en el Philadelphia Child Guidance Center, ha estudiado la ira excesiva en niños, adolescentes y adultos por casi 30 años, y ha venido utilizando el perdón en forma exitosa para resolver sentimientos de hostilidad y venganza. «Estoy emocionado y entusiasmado acerca del uso del perdón en numerosos desórdenes... Hay evidencias que la ira es un factor significativo en una gran gama de desórdenes clínicos... Es mi opinión que ya no es posible seguir ignorando que el perdón se mueve hacia el centro del terreno de la salud mental».[32]

Perdón no es lo mismo que reconciliación. Es posible perdonar sin reconciliarse: es decir, sin volver a juntarse en amor y amistad. Pero no es posible reconciliarse en verdad sin antes perdonar. Perdón es el proceso que capacita a quien perdona de continuar su vida sin que siga afectada por el dolor de la herida, del engaño o de la deslealtad. El perdón requiere un «salto de fe», un acto de voluntad para arriesgarse a ser herido otra vez. El verdadero perdón no se confunde con el sentimentalismo o la simpatía a expensas de la justicia y de la dignidad. Uno puede perdonar y al mismo tiempo limitar, y aun terminar una relación. El perdón puede requerir restitución de parte del que ha obrado mal. Sin embargo, el perdón no es un intercambio de favores. Quien perdona ofrece el perdón como un regalo. Quien es perdonado no asume ninguna obligación ante quien lo perdona como condición para el perdón.[33]

Es necesario añadir una palabra de alerta a los consejeros. No empuje prematuramente el tema del perdón entre sus consultantes. Deje primero que las personas afectadas expresen sus sentimientos y preocupaciones, y comuníqueles su comprensión. Una discusión prematura del perdón coloca indebidamente la carga de la resolución del conflicto en la persona que se mira a sí misma como la víctima de la ofensa. Espere hasta que haya logrado una reducción de la ansiedad y un desarrollo significativo en la comunicación y la confianza. En casos de infidelidad conyugal, por ejemplo, esto puede tomar meses.[34]

NOTAS:

[1] Para una consideración teológica más extensa sobre la imagen de Dios, véase: Jorge Atiencia, «Persona, pareja y familia» en Jorge E. Maldonado, editor, *Fundamentos bíblico-teológicos del matrimonio y la familia.* Grand Rapids: Eerdmans/Libros Desafío, 1995/2002.

[2] W. Robert Beavers & Robert B. Hampson, *Successfull Families. Assessment and Intervention.* New York: W.W. Norton, 1990. Versión en lengua castellana: *Familias exitosas: evaluación, tratamiento e intervención.* Barcelona: Paidós, 1995.

[3] Nathan B. Epstein, Christine E. Ryan, Duane S. Bishop, Ivan W. Miller y Gabor I. Keitner, «The McMaster Model. A View of Healthy Family Functioning», en Froma Walsh, *Normal Family Processes,* 3rd ed. New York: The Guilford Press, 2003, p. 588.

[4] Froma Walsh, *Strengthening Family Resilience,* New York: The Guilford Press, 1998.

111

⁵ *Webster's College Dictionary*, New York: Random House, 1990.

⁶ Froma Walsh, *Strengthening Family Resilience*, New York: The Guilford Press, 1998. La palabra inglesa *resilience* ha sido ya adoptada tanto en el francés como en el español. Véase, por ejemplo, Michael Manciaux, comp., *La resiliencia: resistir y rehacerse*. Barcelona: Gedisa, 2003; Boris Cyrylnik, *Los patitos feos. La resiliencia: Una infancia infeliz no determina la vida*, Barcelona: Gedisa, 2002; Stefan Vanistendael y Jaques Lecomte, *La felicidad es posible. Despertar en niños maltratados la confianza en sí mismos: Construir la resiliencia*. Barcelona: Gedisa, 2002.

⁷ Para una discusión detallada de familia normal desde la perspectiva clínica, véase Froma Walsh, editora, *Normal Family Processes*, 3rd ed. New York: The Guilford Press, 2003, especialmente el Prefacio y la Primera Parte (p. xi-57).

⁸ Froma Walsh, *Strengthening Family Resilience*, New York: Guilford, 1990, p. 15.

⁹ Los conceptos de *«Shalom»* en el Antiguo Testamento y *«Eirene»* en el Nuevo son fundamentales en una discusión sobre la salud desde la perspectiva pastoral.

¹⁰ Definición ofrecida por la Comisión Médica Cristiana del Consejo Mundial de Iglesias en Ginebra, Suiza, con base a la enunciada por la Organización Mundial de la Salud que incluía los tres primeros componentes. Froma Walsh en *Spiritual Resources in Family Therapy*, New York: Guilford, 1999, documenta cómo se incluye el aspecto espiritual en la formación de los nuevos terapeutas en los años recientes, tanto en la edición revisada del DSM-IV (1994) como en la discusión de los terapeutas sistémicos que «conceptualizan a las personas como seres bio-psico-socio-espirituales» (p. 32).

¹¹ Froma Walsh, editora, *Spiritual Resources in Family Therapy*, New York: Guilford, 1999, p.x. Ver también Thomas G. Plante y Allen C. Sherman, editores, *Faith and Health. Psychological Perspectives*. New York: The Guilford Press, 2001.

¹² Froma Walsh, *Spiritual Resources*, p. 3, 4 y 29.

¹³ W. Robert Beavers & Robert B. Hampson, *Successfull Families. Assessment and Intervention*. New York: W.W. Norton, 1990. Versión en lengua castellana: *Familias exitosas: Evaluación, tratamiento e intervención*. Barcelona: Paidós, 1995.

¹⁴ Froma Walsh, *Strengthening Family Resilience*, p. 45. Ella cita el trabajo de L. Wright, W. L.Watson & J.M.Bell, *Beliefs: The Heart of Healing in Families and Illness*, New York: Basic Books, 1996.

¹⁵ W. Robert Beavers & Robert B. Hampson, *Familias exitosas*, Barcelona: Paidós, 1995.

¹⁶ Martin Seligman, *Learned Optimism*, New York: Random House, 1990; ver también *The Optimistic Child*, Boston: Houghton Mifflin, 1995.

¹⁷ Citado por F. Walsh en *Strengthening Family Resilience*, New York: Guilford, 1998, p. 58.

¹⁸ Es decir, la tendencia del siglo XX de encontrar estructuras en muchas ramas del saber humano: estructuras intrapsíquicas (Freud), estructuras cognoscitivas (Piaget), estructuras de parentesco (Levi-Straus), estructuras lingüísticas (Saussure), estructuras familiares (terapeutas sistémicos), etc. Ver Lynn Hoffman, *Family Therapy, an Intimate History*, New York: Norton, 2002, p. 221-225, en donde explica los términos «postestructuralismo» y «desconstruccio-

nismo» que surgen en varios círculos académicos influidos por los filósofos franceses Jacques Derrida y Michael Foucault y desarrollados por los psicoterapeutas australianos Micheael White y David Epston.

[19] Froma Walsh, *Strengthening Family Resilience*, p. 91.

[20] Beavers & Hampson, *Familias exitosas*, p. 38.

[21] Froma Walsh, en *Strengthening Familiy Resilience*, específicamente en el capítulo 5 «Communication Processes: Facilitating Family Functioning», se hace un resumen de los diversos aportes teóricos y clínicos sobre la comunicación en la familia.

[22] Beavers y Hampson, *Familias exitosas*, p. 46-47.

[23] Beavers y Hampson, *Ibid*, p. 51.

[24] Para una discusión más amplia de las crisis familiares, véase Jorge E. Maldonado, *Crisis, pérdidas y consolación en la familia*. Grand Rapids: Libros Desafío, 2002.

[25] Nathan B. Epstein, Christine E. Ryan, Duane S. Bishop, Ivan W. Miller y Gabor I. Keitner, «The McMaster Model. A view of healthy family functioning» en Froma Walsh, *Normal Family Processes*, 3rd ed. New York: The Guilford Press, 2003, p. 588.

[26] Beavers y Hampson, *Familias exitosas*, p. 53.

[27] Para una exposición más amplia de este pasaje, véase Jorge E. Maldonado, *Aun en las mejores familias: La familia de Jesús y otras familias de la Biblia parecidas a las nuestras*. Grand Rapids: Eerdmans/Desafío, 1996/1999.

[28] Edwin H. Friedman, *Generación a generación*. Buenos Aires/Grand Rapids: Nueva Creación/Eerdmans, 1996, p. 76.

[29] T.D. Hargrave, *Families and Forgiveness: Healing Intergenerational Wounds*. New York: Brunner/Mazel, 1994. Beverly Flanigan, *Forgiving the Unforgivable. Overcoming the Bitter Legacy of Intimate Wounds*. New York: Macmillan, 1994.

[30] Robert D. Enright & Joanna North, editores, *Exploring Forgiveness*. Madison, WI: The University of Wisconsin Press, 1998.

[31] Robert D. Enright, Suzanne Freedman and Julio Rique, «The Psychology of Interpersonal Forgiveness» en *Exploring Forgiveness*, p. 46-47.

[32] Richard Fritzgibbons, «Anger and the Healing Power of Forgiveness: A Psychiatrist's View», en *Exploring Forgiveness*, p. 63, 72-73.

[33] Paul W. Coleman, «The Process of Forgiveness in Marriage and the Family» en *Exploring Forgiveness*, p. 78-79, 83.

[34] *Ibid*, p. 83.

Apéndice "A"
Un modelo de asesoramiento pastoral eficaz

Aunque, como ya se ha dicho, el consejo pastoral tiene una trayectoria milenaria, en su expresión contemporánea se ha desarrollado —querámoslo o no— a la par y en diálogo con la psicoterapia. Cuando predominaban el psicoanálisis y el conductismo, hubo intentos de utilizarlos en el ámbito pastoral. Lo mismo sucedió con el advenimiento del humanismo y el enfoque sistémico (ver el capítulo 1). No puede ser de otra manera. La fe necesita estar en continuo diálogo con su entorno. El consejo pastoral, sin perder su identidad, puede interactuar con los nuevos hallazgos de las ciencias de la conducta para extraer de sus tesoros lo que puede ser relevante y provechoso para su trabajo. Sigue vigente el consejo del apóstol Pablo: «Examinadlo todo y retened lo bueno» (1 Ts. 5:21).

Hoy la tecnología demanda eficacia. En todas partes se reducen los presupuestos para la salud. En los Estados Unidos las aseguradoras médicas y los programas de salud subsidiados por fondos públicos requieren resultados en un número limitado de sesiones. La psicoterapia ha tenido que encontrar maneras de abreviar los tratamientos y de ofrecer resultados observables. Es así que se han desarrollado, entonces, una serie de escuelas de terapia breve, de las que el asesoramiento pastoral puede aprender muchas cosas.

En el Centro Hispano de Estudios Teológicos (CHET),[1] en California, Estados Unidos, venimos experimentando con éxito el manejo de un modelo integrado de asesoramiento pastoral eficaz que tiene cuatro componentes: 1) una *base teológica* en consonancia con la revelación bíblica, 2) un *marco de referencia conceptual* sistémico, 3) una *estrategia* proveniente de las terapias breves, específicamente la que enfatiza la «conversación centrada en la solución», y 4) un *instrumento* ágil y visual llamado «El Juego de la Vida», que ha sido desarrollado por un psiquiatra psicodramatista argentino que vive en Australia, Carlos Raimundo. Explico brevemente cada uno de dichos componentes, deteniéndome un poco más en los dos últimos.

El *fundamento bíblico-teológico* se supone que ya lo trae el pastor debido a su formación ministerial o el laico que ha sido informado desde su tradición y comunidad de fe. En todo caso, hay literatura disponible en nuestra lengua para llenar este vacío.[2]

El segundo componente parte del *marco teórico sistémico* que ha producido abundante material de consulta (ver la bibliografía de terapia familiar al final de esta obra). Utilizamos mayormente el enfoque intergeneracional propuesto por Murray Bowen y genialmente contextualizado al ámbito pastoral por el rabino Edwin H. Friedman en su libro *Generación a generación*,[3] ya que su lenguaje, sus categorías y sus ejemplos son pastorales antes que clínicos.

La conversación centrada en la solución

El tercer componente, *la conversación centrada en la solución* como la estrategia del asesoramiento pastoral eficaz, tiene sus precursores en el Centro de Terapia Breve *(Brief Family Therapy Center)* en Milwaukee, Wisconsin, Estados Unidos con Steve de Shazer[4] e Insoo Kim Berg[5] a la cabeza. Ellos propusieron reemplazar la tradicional conversación centrada en el problema por una conversación centrada en la solución. En 1993, Steven Friedman compiló los aportes de este acercamiento donde se recogen casi tres décadas de rigurosa observación.[6]

En resumen, la conversación centrada en la solución sostiene que no podemos resolver un problema con el mismo lenguaje y con el mismo tipo de pensamiento que lo creó. Asume que el lenguaje construye las realidades sociales de los sistemas relacionales. Así pues, el papel del asesor, consejero o terapeuta consiste en:

> «Invitar de continuo a sus consultantes a que exploren y definan estas dos cuestiones: 1) qué desean que cambie en sus vidas (objetivo), y 2) qué capacidades y recursos propios pueden aportar para convertir en realidad esas diferencias deseadas. El profesional reafirma y amplía la definición que hace el consultante de sus objetivos, éxitos logrados en el pasado, capacidades y recursos, tal como surgen a lo largo de la conversación».[7]

Las entrevistas centradas en soluciones se distinguen de otras porque en ellas se pone gran cuidado en escuchar las palabras empleadas por el consultante y formular preguntas concretas y claramente identificables a partir de esas palabras. Las preguntas pueden ser de varios tipos, todas ellas orientadas a trasladar la conversación del ámbito del problema, dificultad, carencia, dolencia o como quiera llamarse, al ámbito de la solución, las posibilidades, los recursos y los sueños. Describo algunas a continuación:

• Las *preguntas de excepción* buscan identificar los éxitos logrados por el consultante en el pasado o en situaciones de su vida en las que no se presentó el problema o éste fue menos grave. Algunos ejemplos de este tipo de preguntas son: «¿Ha habido ocasiones en las que usted no se sintió tan deprimida?» «¿Cuándo fue la última vez que pudo ser firme y cariñoso con sus hijos sin necesidad de gritarles?» «¿Siempre que ustedes dos dialogan terminan discutiendo, o alguna vez pudieron terminar una conversación sin pelearse?»
• La *pregunta del milagro* tiende a ampliar los objetivos del consultante en donde la imaginación ejecuta un acto creativo de fe y esperanza que orienta el asesoramiento. Tiene una estructura específica. «Imagínese que después de terminada esta sesión conmigo y cuando el día termine, usted se va a dormir... y mientras usted duerme sucede un milagro. El milagro es que el problema que le trajo a usted hoy a conversar conmigo desaparece, se soluciona, se desvanece. Entonces, cuando usted se despierta por la mañana, ¿cómo sabrá que ha sucedido el milagro? ¿Qué le haría a usted decir: 'Tal vez sucedió algo en la noche mientras dormía'? ¿Cómo podría usted contarlo mañana por la mañana?»

• Las *preguntas de escala* están destinadas a medir el progreso del consultante y ayudarle a que las percepciones de su capacidad e idoneidad se tornen más concretas y definidas. Las escalas numéricas permiten al asesor y al asesorado utilizar los números del cero (0) al diez (10), donde 10 representa el objetivo cumplido y 0 la total ausencia de progreso. También facilitan que el consultante se conecte con el *pasado* y le adjudique un número (el momento de mayor confusión o malestar que generalmente coincide con el 0), con su auto-percepción del *futuro* cuando logre sus objetivos (el 10), y con el progreso realizado en el *presente* (entre 0 y 10). Los números, con frecuencia, ayudan a describir lo indescriptible.

Estas preguntas y otras tienen en común que no sólo conectan al asesor y al consultante con el ámbito de la solución, sino que también transmiten la convicción del asesor de que el consultante tiene recursos propios, redes de apoyo significativas y capacidades que le han permitido sobrevivir hasta el momento. Este modelo de bienestar (salutógeno antes que patógeno) proporciona una especie de mapa que permite recorrer un camino de esperanza y optimismo en el que el consultante se compromete con «la proyección de un futuro que no incluye el problema».[8] Nuestra teología nos informa que fuimos creados a la imagen de Dios, la cual no está perdida. Nuestra fe en aquel que hace nuevas todas las cosas nos induce a pensar que hay esperanza aun en los casos humanamente considerados como perdidos o imposibles.

«El Juego de la Vida»

El cuarto componente de nuestro esquema, «El Juego de la Vida»,[9] es tanto una conceptualización psicodramática de los procesos de cambio a nivel personal, familiar y laboral como también una serie de recursos plásticos para expresar esos procesos y lograr los cambios. «El Juego de la Vida» ofrece un estuche con un manual, una veintena de muñequitos articulados, un par de tableros plásticos del tamaño de una media página en los que los consultantes pueden expresarse. Para comenzar, el consejero invita al consultante a escoger de entre las figuras una que le represente. Le ofrece un tablero para simbolizar el escenario de su vida en el cual va a colocar el muñeco de manera tal que pueda representar algo de la problemática que lo trajo a consulta (agachado, sentado, de espaldas, con los brazos caídos, etc.). Él también le pregunta si hay otras personas significativas en su vida y le invita a representarlas con figuras y ubicarlas en el tablero en formas que reflejen algún estado de ánimo y alguna relación con el o la consultante. El consejero pastoral puede apropiadamente preguntar: «¿Y dónde está Dios en todo esto?» e invitar a que la persona —entendiéndose que no puede objetivar a Dios— le coloque también en el tablero. Una vez hecho esto, se invita a la persona a expresar sus sentimientos mientras que el consejero le hace rotar cuidadosamente al tablero. Luego pregunta: «Si estuviéramos haciendo una película y ésta fuera la primera escena, ¿qué nombre le podríamos dar a esta escena?» Nombres tales como «desastre total», «dolor profundo» y «penas múltiples» no son raros.

El consejero, entonces, toma otro tablero y lo coloca junto al anterior, con la siguiente invitación: «¿Cómo le gustaría que fuera su vida? Escoja otra figura que le represente en esta escena ideal y exprese con otras figuras en este nuevo tablero cómo le gustaría que fuera su relación». Sin tocar la primera escena, el consultante trabaja ya con el objetivo del asesoramiento, primero en forma no verbal, para luego expresarlo en palabras. El consejero puede preguntar: «¿Cuánto anhela usted esta nueva situación?», para que de esta manera se reafirme el objetivo. El creador de este acercamiento, el Dr. Carlos Raimundo, afirma que este momento creativo es sagrado, ya que la persona puede visualizar una nueva situación hacia donde encaminar sus esfuerzos. El consejero puede aquí invitar al consultante a poner un nombre a la escena final de esta película. Nombres tales como «felicidad plena», «armonía y paz» y «el cielo en la tierra» también son frecuentes. Aquí el consejero puede, inclusive, anunciar el título de la película que va a comenzar su rodaje con el asesoramiento, por ejemplo: «De desastre total a felicidad plena», «De dolor profundo a armonía y felicidad», o algún otro que tenga relación con las escenas presentadas por el consultante. Si el consejero dispone de una cámara polaroid o electrónica, podría imprimir una foto para que el consultante la coloque en la puerta de su frigorífico como un continuo recordatorio de su meta. Así pues, «El mero acto de construir una visión de la solución actúa como un catalizador para crearla».[10]

Según el autor de «El Juego de la Vida», esta forma de trabajo con elementos tangibles y espaciales, no sólo conecta el hemisferio cerebral derecho y evita las resistencias, sino que también nos pone en contacto con el sistema límbico y con el hipotálamo, partes de nuestro sistema nervioso que procesan las reacciones primitivas y las emociones. Por otro lado, conecta la fe y la esperanza humanas con las fuerzas del Creador y sus deseos de nueva vida y vida en abundancia. Va en tono también con las propuestas narrativas que afirman abrir «nuevos espacios conceptuales»[11] tanto para el consejero como para el consultante, en donde se puede revisar los condicionamientos familiares y culturales a la luz de nuevas posibilidades.

Un modelo epigenético

Se pueden construir estos cuatro elementos epigenéticamente; es decir, uno sobre el otro, cada uno presuponiendo el anterior. La base teológica es fundamental para el trabajo del asesor pastoral. Por siglos, la iglesia ha venido ejerciendo el ministerio de consolación, asesoramiento y consejo con los recursos provenientes de la teología, la tradición y la sabiduría de la Biblia, sin ayuda de las ciencias de la conducta. Personas sensatas y sensibles, formadas en la comunidad de fe e informadas por una teología saludable ofrecieron los servicios que hoy están en manos de los consejeros.

Hoy el conocimiento se ha multiplicado y la vida social y familiar se ha complicado. Sería una necedad decir que la medicina que se ejercía en los tiempos del «doctor Lucas», el evangelista, es suficiente para hoy. Es aquí donde el desarrollo científico puede hacer un enorme aporte al entrenamiento y el ejercicio del consejo pastoral. Y uno debe ser selectivo. El enfoque sistémico, a mi juicio, puede proveer el segundo nivel en nuestro esquema. No contradice mis convicciones teológicas evangélicas; al contrario, las fortalece. El enfoque sistémico, como lo explicamos en el capítulo primero, nos ayuda ver el bosque antes que los árboles, nos libera del impulso de encontrar un culpable, nos enfoca en los procesos antes que los contenidos, nos conecta con la maravilla de nuestra propia diferenciación, nos ofrece maneras de evitar ser triangulados en nuestro ministerio, y mucho más.

Algunos consejeros pastorales ejercen su ministerio en forma eficaz con esos dos niveles articulados en forma armoniosa. John C. Wynn[12] para el mundo protestante y Edwin Friedman en forma ecuménica articularon de manera coherente su teología pastoral con la dimensión sistémica. Otros, como David Olsen,[13] han optado por continuar indagando otros aportes que pueden ayudarnos a crecer, a perfeccionar este arte y a encontrar formas más eficaces de entrenar a otros en el ejercicio de nuestra vocación.

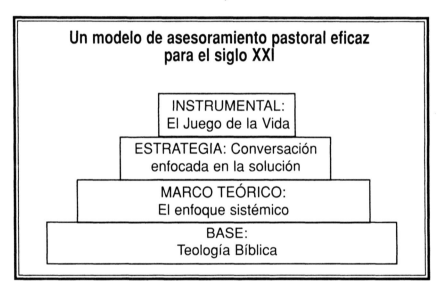

El tercer nivel en nuestro esquema enriquece y potencializa lo que la teología y el enfoque sistémico en general aportaron a nuestro trabajo. Enfocar la conversación terapéutica en la solución significa utilizar el lenguaje en la construcción de significados liberadores y saludables, y en la eficacia del asesoramiento. El cuarto nivel —«El Juego de la Vida»— en nuestro esquema, es opcional. Facilita el trabajo, pero no es indispensable. Los consejeros pastorales sin acceso a este instrumento o que prefieran otros, pueden igualmente ser eficaces y fructíferos para la gloria de Dios, y la salud de la iglesia, de la comunidad y de quienes los consultan. ¡Nuestro trabajo en el Señor nunca es en vano!

NOTAS

[1] Más información en www.chet.org

[2] Jorge E. Maldonado, editor, *Fundamentos bíblico-teológicos del matrimonio y la familia*, Buenos Aires: Nueva Creación y Grand Rapids, MI: Libros Desafío, 1995.

[3] Edwin H. Friedman, *Generación a generación*, Buenos Aires: Nueva Creación y Grand Rapids, MI: Libros Desafío, 1996.

[4] Steve de Shazer, *Keys to Solution in Brief Therapy*, New York: Norton, 1985. Éste y otros libros de Shazer han sido traducidos al español: *Claves para la solución en terapia breve*, Buenos Aires: Paidós, 1986; *Pautas de terapia familiar breve. Un enfoque ecosistémico*, Buenos Aires: Paidós, 1987; *En un origen las palabras eran magia*, Barcelona: Gedisa.

[5] Insoo Kim Berg, *Family-Based Services: A Solution-Focused Approach*, New York: Norton, 1994.

[6] Steven Friedman, *The New Language of Change: Constructive Collaboration in Psychotherapy*, New York: The Guilford Press, 1993. Versión en lengua castellana: *El nuevo lenguaje del cambio. La colaboración constructiva en psicoterapia*, Barcelona: Gedisa, 2001.

[7] Insoo Kim Berg y Peter De Jong, «Conversaciones para encontrar soluciones: co-construyendo la idoneidad de los consultantes», *Sistemas familiares, 17 (2)*, 2001, p. 56.

[8] Cynthia Mittelmeier y Steven Friedman, «Hacia la comprensión mutua: cómo construir soluciones con las familias», en Steven Friedman, comp., *El nuevo lenguaje del cambio*. Barcelona: Gedisa, 2001, p. 112.

[9] Se encuentra en el Internet en www.playoflife.com. Ver también Carlos Raimundo, *Relationship Capital*, Frenchs Forest, Australia: Prentice Hall, 2002. El autor también ha desarrollado una versión de El Juego de la Vida para entrenar a las iglesias en su tarea evangelizadora, especialmente en medios donde otros esfuerzos no llegan, como playas, plazas, ferias de *New Age*, etc.

[10] W. Hudson O'Halon y Michele Weiner-Davis, *En busca de soluciones: Un nuevo enfoque en psicoterapia*. Barcelona: Paidós, 1990, p. 106.

[11] Karl Tomm, «Introducción» en Michael White, *Guías para una terapia familiar sistémica*. Barcelona: Gedisa, 1994, p. 9.

[12] John C. Wynn, *The Family Therapist: What Pastors and Counselors Are Learning from Family Therapists*, Old Tappan, NJ: Fleming H. Revell Company, 1987. Wynn escribió otros libros integrando la teología, la familia y la psicoterapia, como: *Family Therapy in Pastoral Ministry; Pastoral Ministry to Families; Families in the Church: A Protestant Survey; How Christian Parents Face Family Problems; Sermons on Marriage and Family Life.*

[13] David Olsen, *Integrative Family Therapy*, Philadelphia: Fortress Press, 1993.

Apéndice «B»
El entrenamiento de asesores familiares

$\mathcal{L}$a Asociación Latinoamericana de Asesoramiento y Pastoral Familiar EIRENE[1]-Internacional se formó a fines de la década de 1970 con el objetivo de entrenar a hombres y mujeres, clérigos y laicos en el manejo de la información sobre la conducta y los sistemas humanos, en el desarrollo de la persona del consejero y en el ejercicio de las destrezas adecuadas para el asesoramiento pastoral. En 1982, en San José, Costa Rica, un grupo de docentes formó una facultad sin muros y estableció un programa para la formación de asesores familiares. Se decidió también que el enfoque sistémico sería el segundo marco de referencia, ya que el primero estaba dado por la Biblia. Desde entonces, ese currículo se ha venido puliendo y perfeccionando. Hoy en día, casi en cada país latinoamericano, en los Estados Unidos hispano y en España, hay grupos de formación de asesores familiares que siguen este currículo que ha sido contextualizado a su entorno, modificado a veces para caber dentro del plan de estudios de una universidad o seminario teológico.

El Programa Eirene combina la seriedad académica con la información científica, el enfoque bíblico y la preocupación pastoral. Requiere alrededor de 600 horas de trabajo (dos años de estudio a tiempo parcial). Cuenta con una serie de textos autodidácticos, guías de estudio y manuales. Talleres de crecimiento personal y familiar, evaluaciones periódicas y supervisión completan el entrenamiento. Se compone de tres niveles de formación: el nivel *cognoscitivo* con siete cursos de carácter interdisciplinario, el nivel *vivencial* con cuatro talleres de crecimiento personal y/o de pareja, y el nivel de *supervisión* en el cual se practican y pulen las destrezas del asesor tanto en las funciones educativas/preventivas como en las de asesoramiento e intervención.

I. Los cursos

Cada uno de los siguientes cursos demanda aproximadamente unas 60 horas de trabajo y equivalen a unas tres unidades de crédito académico semestrales. Estos cursos pueden incluir clases, lecturas, ejercicios, exámenes, proyectos y otras actividades.

1.1   **La familia en el mundo hoy** – Sociología de la familia contemporánea.
El curso ofrece una introducción al estudio socio-pastoral de la familia, con especial atención a la familia latinoamericana y la inmigrante en Norteamérica. Analiza diferentes posturas teóricas que interpretan el origen de la familia y su desarrollo hasta la época contemporánea. Introduce estudios de casos para analizar a las familias en sus estratos sociales y en su desarrollo histórico. Temas como el machismo, la cultura de la pobreza, y el impacto de la fe en las familias son abordados en este curso.

1.2   **Fundamentos de psicología** – Introducción al estudio de la conducta.
La psicología, como estudio de la conducta, es una disciplina relativamente nueva. El curso ofrece un recuento histórico de la aparición y desarrollo de las diversas escuelas de psicología. Presenta sus bases biológicas y discute las formas en las que la fe cristiana y la acción pastoral de la iglesia pueden hacer uso adecuado de la información actual provista por las diversas corrientes de psicología. Temas

como las percepciones, el aprendizaje y la personalidad son discutidos a la luz de la fe.

1.3 **El ciclo vital de la familia** – El desarrollo humano en familia. El ser humano está en continuo desarrollo desde el nacimiento hasta la muerte. El curso analiza los aportes de autores clásicos así como de algunos terapeutas familiares. Edad por edad se analizan los elementos distintivos que trasladan a una persona y al grupo familiar al próximo estadio de su desarrollo. El curso ofrece a padres, maestros, pastores, trabajadores sociales y comunitarios las herramientas teóricas y prácticas para una mejor comprensión de la naturaleza humana que está en continua transformación.

1.4 **Comunicación conyugal y familiar** – Destrezas de la comunicación en familia.
A partir de la segunda mitad del siglo XX la comunicación humana ha sido objeto de estudios sistemáticos que han permitido explorar su complejidad. El curso ofrece herramientas para la reflexión y la acción aplicables tanto al propio crecimiento (personal, conyugal y familiar) como al desarrollo de destrezas útiles en el asesoramiento. Mediante una serie de ejercicios de integración se fomenta la comunicación orientada a la cooperación y la intimidad.

1.5 **Bases teológicas para el matrimonio y la familia** – Reflexión bíblico-teológica.[2]
El trabajo pastoral con familias requiere de una correcta comprensión de la teología. El curso analiza las prácticas familiares de los tiempos bíblicos y enfoca su atención en los temas teológicos que se desprenden de la creación, la caída y la redención. Se discute la educación espiritual en el hogar, así como las enseñanzas sobre el matrimonio, el divorcio y el nuevo matrimonio. Se plantean los desafíos pastorales para el cuidado de la familia actual.

1.6 **La familia como sistema** – Exploración del enfoque sistémico.
El curso introduce los principales conceptos relacionados con los sistemas familiares. Se expone la teoría general de

los sistemas aplicada a la iglesia y a la familia. Se facilita un mejor entendimiento de la propia familia de origen, de la familia de procreación, así como de la familia de la fe. Se facilita el proceso de diferenciación y de liderazgo por auto-definición. Se ofrecen directrices para el asesoramiento pastoral en los momentos cruciales de la vida (muertes, enfermedades, nacimientos, matrimonios, divorcios, jubilación, etc.).

1.7 Biblia, iglesia, sexualidad y familia – Afirmaciones sobre la sexualidad.

Dios nos creó como seres sexuados. La sexualidad desde la perspectiva bíblica es un don y una promesa, pero también un dilema, porque participamos de una naturaleza que necesita redención y porque vivimos en un mundo injusto. A partir de la discusión de lo que significa una sexualidad saludable se estudian temas como el matrimonio, la persona soltera, el divorcio y nuevo casamiento, la violencia doméstica, la homosexualidad, etc.

Los cursos se ofrecen en forma **presencial** (con un instructor presente), en forma **des-escolarizada** (grupos que utilizan guías de estudio) o **a distancia** (trabajo individual por correspondencia). Cada curso cuenta con textos programados o guías de estudio. Se puede comenzar por cualquier curso y continuar al ritmo de cada persona o grupo.

II. Los talleres

Estos representan el nivel vivencial de la formación de un asesor familiar. Ofrecen experiencias de desarrollo personal y familiar, generalmente en forma de retiros y/o talleres. Se entrega herramientas prácticas y probadas que se pueden utilizar para reproducir experiencias educativas en sus grupos, iglesias, congregaciones y vecindarios. Este nivel requiere cuatro de los talleres descritos a continuación. Cada taller cuenta con un manual para facilitadores.

2.1 Programa de enriquecimiento matrimonial (PEM) en tres retiros:

En el primer retiro se trabaja sobre cuatro temas de valor y necesidad universal: la comunicación, el uso creativo del conflicto, la distribución de roles en la pareja, y el disfrute de la sexualidad en el matrimonio. En el segundo retiro se trabajan las etapas de la relación de pareja, el manejo del dinero, el uso del tiempo, y el desarrollo de la intimidad. En el tercer retiro se discute la relación de la pareja con los hijos en las distintas etapas de su desarrollo.

2.2 Educación para la vida (EPV)

Este taller entrena facilitadores para trabajar en el desarrollo integral (físico, mental, social y espiritual) de los adolescentes. Se sigue el esquema de Jesús descrito en Lucas 2:52, del desarrollo cuádruple: físico, mental, social y espiritual. Predomina la metodología participativa que está compuesta de dinámicas grupales, ejercicios conjuntos y estudios bíblicos inductivos.

2.3 Crisis y consolación en la familia (CCF)

Un taller que ofrece una conceptualización de las crisis y sus procesos de resolución. Se estudia cuatro tipos de crisis y lo que pastoralmente se puede hacer en cada una de ellas. Mediante una serie de ejercicios basados en el recuerdo de las propias crisis de los participantes se ofrece las destrezas para una intervención pastoral exitosa.

2.4 Acompañamiento pastoral a personas afectadas por el VIH/SIDA

Un taller útil en la preparación del consejero pastoral para el manejo de estos difíciles casos tanto a nivel personal como familiar. Además de indagar en los procesos propios de este tipo de servicio, se ofrece una serie de recursos litúrgicos que el consejero pastoral puede usar con eficacia.

III. La supervisión

El Programa Eirene contempla la supervisión en dos áreas: en el área educativa y en el área del asesoramiento. La primera acompaña al asesor en el desarrollo de programas educativo/preventivos tales como el PEM, escuela para padres, grupos de desarrollo personal, y otros. La segunda ofrece adiestramiento en el arte de acompañar a una persona, pareja o familia en la búsqueda de alternativas positivas y creadoras en las relaciones, actitudes y conductas que le están perjudicando e impidiendo su pleno desarrollo.

La supervisión puede realizarse en cuatro diferentes modalidades: En forma **directa,** bajo un educador o consejero experimentado; en forma **indirecta,** por medio de grabaciones e informes escritos; en forma intensiva, mediante uno o varios internados cortos en un centro especializado; en forma **colegiada,** mediante la utilización de «El Juego de la Vida» creado y desarrollado por un miembro docente de EIRENE-Internacional, el Dr. Carlos Raimundo.

NOTAS

[1] Eirene es una palabra del griego que significa: «paz», «armonía», «bienestar», «reconciliación». Es el «Shalom» del Nuevo Testamento y lo que en la revelación bíblica equivale a la intención de Dios para la familia y la humanidad entera.

[2] Este curso se ofrece gratuitamente en www.hcjb.org Los demás cursos del programa están disponibles en la oficina internacional de Eirene: cpinto@hcjb.org o en el Centro Hispano de Estudios Teológicos: www.chet.org.

Apéndice «C»
Bibliografía de terapia familiar en español

Abbate, Francisco E. (1978), *Perturbaciones psicológicas conyugales y familiares*. Buenos Aires: A.Z. Editores.

Ackerman, Nathan W.; Jackson, Don y otros (1970), *Teoría y práctica de la psicoterapia familiar*. Buenos Aires: Editorial Proteo.

—— y otros (1976), *Familia y conflicto mental*. Buenos Aires: Ediciones Hormé.

—— y otros (1978), *Psicoterapia de la familia neurótica*. Buenos Aires: Ediciones Hormé.

—— y otros (1981), *Grupoterapia de la familia*, 2ª ed. Buenos Aires: Ediciones Hormé.

—— y otros (1982), *Diagnóstico y tratamiento de las relaciones familiares*, 7ª ed. Buenos Aires: Ediciones Hormé.

Ackermans, Alain y Andolfi, Maurizio, *La creación del sistema terapéutico*. Barcelona, Buenos Aires, México: Paidós.

—— y Van Cutsem, Chantal y otros (1989), *Historias de familias, escenas de familias simuladas*. Buenos Aires: Editorial Nueva Visión.

Afanasiev, Victor y otros (1979), *La teoría de los sistemas, aspectos de actualidad*, Revista Academia de Ciencias de la U.R.S.S. Bogotá: Editorial Colombia Nueva.

Anderson, Carol M. y Stewart, Susan (1988), *Para dominar la resistencia. Guía práctica de terapia familiar*. Buenos Aires: Amorrortu editores.

Anderson, Ralph E. y Carter, Irl, *La conducta humana en el medio social: Enfoque sistémico de la sociedad*. Barcelona: Gedisa.

Anderson, Tom, compilador, *El equipo reflexivo. Diálogos y diálogos sobre los diálogos*. Barcelona: Gedisa.

Andolfi, Maurizio (1984), *Terapia familiar, un enfoque interaccional*. Buenos Aires: Paidós.

———— y Angelo, Claudio y otros (1985), *Detrás de la máscara familiar. La familia rígida, un modelo de psicoterapia relacional*. Buenos Aires: Amorrotu Editores .

———— y Zwerling, Israel (1980), *Dimensiones de la terapia familiar*. Barcelona: Paidós (pp. 327).

———— y Angelo, Claudio (1990), *Tiempo y mito en la psicoterapia familiar* (Trad. del italiano: <u>Tempo e mito nella psicoterapia familiare</u>). Barcelona: Paidós.

Anthony, E.J., y Benedek, T., comp. (1970), *Parentalidad*. Buenos Aires: Amorrortu Editores.

Arias, J.A., Kalina, E. y otros (1990), *La familia del adicto y otros temas*. Buenos Aires: Ediciones Nueva Visión.

Bagarozzi, Dennis A. y Anderson, Stephen (1996), *Mitos personales, matrimoniales y familiares*. Buenos Aires: Paidós.

Bandler, Richard y Grinder, John (1980), *La estructura de la magia I. Lenguaje y terapia*. Santiago-Chile: Editorial Cuatro Vientos.

———— y Grinder, John (1994), *La estructura de la magia II. Cambio y congruencia*. Santiago-Chile: Editorial Cuatro Vientos.

————, Grinder, John; Satir, Virginia (1983), *Cómo superarse a través de la familia*. México: Editorial Diana.

Barudy, Jorge (1998), *El dolor invisible de la infancia. Una lectura ecosistémica del maltrato infantil*. Barcelona: Paidós.

Bateson, Gregory (1972), *Pasos hacia una ecología de la mente*. Buenos Aires: Ediciones Carlos Lohlé.

————. (1980), *Espíritu y naturaleza*. Buenos Aires: Amorrotu Editores.

———— y Ruesch, Jurgen (1984), *Comunicación, la matriz social de la Psiquiatría*. Barcelona: Paidós (246 pp).

———— y otros (1980), *Interacción familiar. Aportes fundamentales sobre teoría y técnica*. Buenos Aires: Ediciones Buenos Aires.

Bauleo, Armando (1982), *Ideología, grupo y familia*. México: Folios Ediciones (129 pp).

Beavers, Robert W. y Hampson, Robert B. (1995), *Familias exitosas. Evaluación tratamiento e intervención* (Trad. del inglés: <u>Successful Families. Assessment and Intervention</u>). Barcelona: Paidós (323 pp).

Bendersky, Norma (1988), *¿Es posible disfrutar del matrimonio? Cómo hacer que un buen matrimonio dure toda la vida*. Buenos Aires: Editorial Nueva Visión (161 pp).

Berenstein, Isidoro (1978), *Familia y enfermedad mental*. Buenos Aires: Paidós (185 pp).

———. (1981), *Psicoanálisis de la estructura familiar. Del destino a la significación*. Buenos Aires: Paidós (237 pp).

——— y otros (1970), *Psicoterapia de pareja y grupo familiar con orientación psicoanalítica*. Buenos Aires: Editorial Galerna.

Berg, Insoo Kim y Miller, Scott D. (1996), *Trabajando con el problema del alcohol. Orientaciones y sugerencias para la terapia breve de familia* (Trad. del inglés: <u>Working with the Problem Drinker. A Solution-Focused Approach</u>). Barcelona: Gedisa (286 pp).

Berger, M.M., *Más allá del doble vínculo*. Barcelona, Buenos Aires, México: Paidós.

Bergman, Joel (1986), *Pescando barracudas. Pragmática de la terapia sistémica breve* (Trad. del inglés: <u>Fishing for Barracuda</u>). Buenos Aires: Paidós (180 pp).

Bernhard, Yetta M. (1981), *Cómo manejar conflictos de pareja* (Trad. del inglés: <u>Self-Care</u>). México: Editorial Pax - México (278 pp).

Bertalanffy, Ludwig von (1976), *Teoría general de los sistemas* (Trad. del inglés: <u>General System Theory</u>). México: Fondo de Cultura Económica (311 pp).

———. *Perspectivas en la teoría general de sistemas*. Madrid: Editorial Alianza Universidad (166 pp).

———. *Tendencias en la teoría general de sistemas*. Madrid: Editorial Alianza Universidad (323 pp).

Beutner, Karl R. y Hale, Nathan G. (1964), *Guía para la familia del enfermo mental*. Buenos Aires: Ediciones Hormé (134 pp).

Borden, George A. y Stone, John D. (1982), *La comunicación humana. El proceso de interrelación*, (Trad. del inglés: <u>Human Communication. The process of Relating</u>). Buenos Aires: Editorial El Ateneo (274 pp).

Boscolo, Luigi y Bertrando, Paolo (1996), *Los tiempos del tiempo. Una perspectiva para la consulta y la terapia sistémica* (Trad. del italiano: I tempi del tempo. Una nuova prospettiva per la consulenza e la terapia sistemica). Barcelona: Paidós (318 pp).

Boss, Pauline, *La pérdida ambigua. Cómo aprender a vivir con un duelo no terminado.* Barcelona: Gedisa (144 pp).

Boszormenyi-Nagy, Ivan y otros (1979), *Terapia familiar intensiva: Aspectos teóricos y prácticos* (Trad. del inglés: Family Therapy: Theoretical and Practical Aspects). México: Editorial Trillas (569 pp).

——— y Spark, Geraldine (1983), *Lealtades invisibles* (Trad. del inglés: Invisible Loyalties). Buenos Aires: Amorrortu Editores (450 pp).

Bowen, Murray, *La terapia familiar en la práctica clínica, Vol. I y II. Fundamentos teóricos.* Bilbao: Desclée de Brouwer.

———. (1991), *De la familia al individuo. La diferencia del sí mismo en el sistema familiar* (Trad. del italiano: Della famiglia all' individuo). Barcelona: Paidós (207 pp).

Brazelton, Berry T. (1991), *Las crisis familiares y su superación. Cinco casos reales,* (Trad. del inglés: Families: Crisis and Caring). México: Paidós (277 pp).

Buckley, Walter (1982), *La sociología y la teoría moderna de los sistemas.* 3ª rpr. (Trad. del inglés: Sociology and Modern Systems Theory). Buenos Aires: Amorrortu Editores (320 pp).

Bueno Belloch, María, *Relaciones familiares. Principales modelos teóricos.* Bilbao: Desclée de Brouwer.

Cade, B. y O'Hanlon, W.H., *Guía breve de terapia breve.* Barcelona: Paidós.

Caillé, Philippe (1990), *Familias y terapeutas. Lectura sistémica de una interacción* (Trad. del francés: Familles et thérapeutes). Buenos Aires: Ediciones Nueva Visión (206 pp).

———. (1992), *Uno más uno son tres. La pareja revelada a sí misma* (Trad. del francés: Un et un font trois. Le couple révélé á lui-méme). Barcelona: Paidós (189 pp).

Camdessus, B., Bonjean, M. Y Spector, R., *Crisis familiar y ancianidad.* Barcelona: Paidós.

Cancrini, Luigi (1991), *La psicoterapia: Gramática y sintaxis. Manual para la enseñanza de la psicoterapia.* (Trad. del italiano: La psicoterapia: Grammatica e sintasi). Barcelona: Paidós (320 pp).

Caparros, Nicolás (1973), *Crisis de la familia*. Madrid: Ediciones Fundamentos (169 pp).

Carpenter, J. y Treacher, A. (1993), *Problemas y soluciones en terapia familiar y de pareja* (Trad. del inglés: Marital and Familiar Therapy). Barcelona: Paidós (284 pp).

Cecchin, Gianfranco; Lane, Gerry y Ray, Wendel A. (2002), *Irreverencia, una estrategia de sobrevivencia para terapeutas* (Trad. del inglés: Irreverence). Barcelona: Paidós (103 pp).

Cirilo, Stefano (1994), *El cambio en los contextos no terapéuticos* (Trad. del italiano: Il cambiamento nei contesti non terapeutici). Barcelona: Paidós (183 pp).

—— y Di Blasio, Paola (1991), *Niños maltratados. Diagnóstico y terapia familiar*, (Trad. del italiano: La famiglia maltrattante. Diagnosi e terapía). Barcelona: Paidós (171 pp).

—— Berreni, Roberto; Cambiaso, Gianni y Mazza, Roberto (1999), *La familia del toxicodependiente* (Trad. del italiano: La famiglia del tossicodipendente). Barcelona: Paidós (263 pp).

Clinebell, Howard y Charlotte (1973), *Intimidad: Claves para la plenitud de la pareja* (Trad. del inglés: The Intimate Marriage). Buenos Aires: Editorial La Aurora (365 pp).

Clyne, M.B. y otros (1977), *La pareja enferma* (Trad. del francés: Le couple malade). Madrid: Editorial Fundamentos (121 pp).

Coletti, Maurizio y Linares, Juan Luis (1997), *La intervención sistémica en los servicios sociales ante la familia multiproblemática*. Barcelona: Paidós (317 pp).

Cooper, David (1976), *La muerte de la familia* (Trad. del inglés: The Death of the Family). Barcelona: Editorial Ariel (183 pp).

Corsi, Jorge (1995), *Violencia familiar. Una mirada interdisciplinaria sobre un grave problema social*. Buenos Aires: Paidós (252 pp).

Costa, M.; Serrat, C. (1985), *Terapia de parejas*. Madrid: Alianza Editorial (196 pp).

Crispo, Rosina; Figueroa, E. y Guelar, Diana, *Anorexia y bulimia. Lo que hay que saber*. Barcelona: Gedisa (216 pp).

—— y Guelar, Diana, *Adolescencias y trastornos del comer*. Barcelona: Gedisa (352 pp).

Cyrulnik, Boris, *Los patitos feos. La resiliencia: una infancia infeliz no determina la vida*. Barcelona: Gedisa (240 pp).

Droeven, Juana M., comp. (1997), *Más allá de pactos y traiciones, construyendo el diálogo terapéutico*. Barcelona: Paidós (320 pp).

Duche, D.J. y otros (1974), *Terapias de la pareja, terapias de la familia,* (Trad. del francés: Therapies du couple et de la famille). Madrid: Fundamentos (247 pp).

Dulanto Gutiérrez, Enrique (1985), *La familia. Medio propiciador o inhibidor del desarrollo humano.* México: Impresora y Editora Mexicana, S.A. (214 pp).

Durrant, Michael y White, Cherryl, Comps. (2002). *Terapia del abuso sexual* (Trad. del inglés: Ideas for Therapy with Sexual Abuse). Barcelona: Gedisa (251 pp).

Efran, Jay S., Luckens, Michael D. y Lukens, Robert J. (1994), *Lenguaje, estructura y cambio. La estructuración del sentido en psicoterapia* (Trad. del inglés: Language, Structure and Change). Barcelona: Gedisa (285 pp).

Eiguer, Alberto (1989), *El parentesco fantasmático. Transferencia y contratransferencia en la terapia familiar* (Trad. del francés: La parenté fantasmatique). Buenos Aires: Amorrortu Editores.

Elizur, Joel y Minuchin, Salvador, *La locura y las instituciones. Familias, terapia y sociedad.* Barcelona: Gedisa (280 pp).

Elkaïm, Mony (1997), *Si me amas, no me ames: Psicoterapia con enfoque sistémico,* (Trad. del francés: Si tu m'aimes, ne m'aime pas). Barcelona: Gedisa (171 pp).

——— y otros (1989), *Las prácticas de la terapia de red* (Trad. del francés: Les practiques de réseau. Santé mental et contexte social). Barcelona: Gedisa (158 pp).

——— y otros (1998), *La terapia familiar en transformación* (Trad. del francés: Le thérapie familiale en changement). Barcelona: Paidós (192 pp).

Epston, David (1994). *Obras escogidas* (Trad. del inglés: Collected Papers). Barcelona: Gedisa.

Estrada Inda, Lauro (1990), *El ciclo vital de la familia,* 4ª ed. México: Editorial Posada (132 pp).

Fernández, Víctor (1984), *Psicoterapia estratégica, procedimientos,* 2ª ed. México: Universidad Autónoma de Puebla (186 pp).

Fish, Richard; Weakland, John y Segal, Lynn (1984), *La táctica del cambio. Cómo abreviar la terapia* (Trad. del inglés: The Tactics of Change). Barcelona: Herder (327 pp).

Fishman, H. Charles (1990), *Tratamiento de adolescentes con problemas. Un enfoque de terapia familiar* (Trad. del inglés: Treating Troubled Adolescents. A Family Therapy Approach). Buenos Aires: Paidós (382 pp).

——— y Rosman, Bernice L., comps. (1988), *El cambio familiar. Desarrollo de modelos* (Trad. del inglés: Evolving Models for Family Change). Barcelona: Gedisa (344 pp).

———. (1994), *Terapia estructural intensiva. Tratamiento de familias en su contexto social.* (Trad. del inglés: Structural Therapy). Buenos Aires: Amorrortu editores (288 pp).

Flugel, J.C. (1972), *Psicoanálisis de la familia,* 3ª ed. (Trad. del inglés: The Psycho-Analytic Study of the Family). Buenos Aires: Paidós (307 pp).

Frank de Verthelyi, Renata, *Interacción y proyecto familiar.* Barcelona: Gedisa (320 pp).

Freeman, Jennifer, Epston, David y Lobovitz, Dean (2001), *Terapia narrativa para niños: Aproximación a los conflictos familiares a través del juego* (Trad. del inglés: Playful Approaches to Serious Problems). Barcelona: Paidós (430 pp).

Friedman, Edwin H. (1996), *Generación a generación: El proceso de las familias en la iglesia y la sinagoga,* (Trad. del inglés: Generation to Generation). Buenos Aires/Grand Rapids: Nueva Creación/Eerdmans /Libros Desafío (432 pp).

Friedman, Steven (2001), *El nuevo lenguaje del cambio: Colaboración constructiva en psicoterapia* (Trad. del inglés: The New Language of Change). Barcelona: Gedisa (365 pp).

García Tellez de Landa, Dolores (1985), *La familia del futuro: La eco-familia.* México: Editorial Pax-México (226 pp).

Gear, María C. y Liendo, Ernesto C. (1974), *Psicoterapia estructural de la pareja y del grupo familiar.* Buenos Aires: Nueva Visión (215 pp).

Gil, Eliana (1997), *Tratamiento sistémico de la familia que abusa* (Trad. del inglés: Systemic Treatment of Families who Abuse). Buenos Aires: Ediciones Granica (330 pp).

Goodrich T. y otras, *Terapia familiar feminista.* Buenos Aires: Paidós.

Grove, David R. y Haley, Jay (1996), *Conversaciones sobre terapia. Soluciones no convencionales para los problemas de siempre* (Trad. del inglés: Conversations on Therapy. Popular Problems and Uncommon Solutions). Buenos Aires: Amorrortu Editores (195 pp).

Haley, Jay (1980), *Terapia para resolver problemas: Nuevas estrategias para una terapia familiar eficaz* (Trad. del inglés: Problem-Solving Therapy). Buenos Aires: Amorrortu Editores (231 pp).

————. (1980), *Terapia no convencional. Las técnicas psiquiátricas de Milton Erickson* (Trad. de inglés: Uncommon Therapy). Buenos Aires: Amorrortu Editores (285 pp).

————. (1985), *Trastornos de la emancipación juvenil y terapia familiar* (Trad. del inglés: Leaving Home). Buenos Aires: Amorrotu Editores.

————. (1987), *Terapia de ordalía* (Trad. del inglés: Ordeal Therapy, Unusual Ways of Changing Behaviour). Buenos Aires: Paidós (206 pp).

————. (1981), *Las tácticas del poder de Jesucristo y otros ensayos* (Trad. del inglés: The Power Tactics of Jesus Christ and Other Essays, 2nd ed.). Barcelona: Paidós (156 pp).

———— editor (1980), *Tratamiento de la familia* (Trad. del inglés: Changing Families). Barcelona: Ediciones Toray (293 pp).

———— y Hoffman, Lynn (1976), *Técnicas de terapia familiar* (Trad. del inglés: Techniques of Family Therapy). Buenos Aires: Amorrortu Editores (435 pp).

Herscovci, C.R. y Bay, L., *Anorexia nerviosa y bulimia*. Barcelona: Paidós.

Hoffman, Lynn (1987), *Fundamentos de la terapia familiar. Un marco conceptual para el cambio de sistemas* (Trad. del inglés: Foundations of Family Therapy. A Conceptual Framework for Systemic Change). México: Fondo de Cultura Económica (328 pp).

Imber-Black, Evan (1999), *La vida secreta de las familias. Verdad, privacidad y reconciliación en una sociedad del «decirlo todo»* (Trad. del inglés: The Secret Life of Families: Truth-Telling, Privacy and Reconciliation in a Tell-All Society). Barcelona: Gedisa.

———— Roberts J. y Whiting R. (1991), *Rituales terapéuticos y ritos en la familia* (Trad. del inglés: Rituals in Families and Family Therapy). Barcelona: Gedisa (460 pp).

Isaacs, María, Montalvo, Braulio y Abelsohn, David (1988), *Divorcio difícil. Terapia para los hijos y la familia* (Trad. del Inglés: The Difficult Divorce). Buenos Aires: Amorrortu editores (300 pp).

Jackson, Don D., compilador (1977), *Comunicación, familia y matrimonio*. Buenos Aires: Nueva Visión (359 pp).

———— compilador , *Etiología de la esquizofrenia* (Trad. del inglés: The Etiology of Schizophrenia). Buenos Aires: Amorrortu Editores (445 pp).

Kaës, René y Anzeiu, Didier, *Crónica de un grupo*. Barcelona: Gedisa.

Keeney, Bradford P. (1992), *La improvisación en psicoterapia. Guía práctica para estrategias clínicas creativas* (Trad. del inglés: Improvisational Therapy. A Practical Guide for Creative Clinical Strategies). Barcelona: Paidós (131 pp).

—— y Ross, Jeffrey (1987), *Construcción de terapias sistémicas. «Espíritu» en la terapia* (Trad. del inglés Mind in Therapy). Buenos Aires: Amorrortu Editores (206 pp).

—— y Silverstein, Olga, *La voz terapéutica de Olga Silverstein*. Barcelona: Paidós.

Keshaw, Carol J. (1994), *La danza hipnótica de la pareja. Creación de estrategias ericksonianas en terapia conyugal*. Buenos Aires: Amorrortu Editores (286 pp).

Kornblit, Analía (1984), *Semiótica de las relaciones familiares*. Buenos Aires: Paidós (159 pp).

——. (1984), *Somática familiar, enfermedad orgánica y familia*. Barcelona: Gedisa (105 pp).

Kramer, Peter D., *Conflictos de pareja*. Barcelona: Gedisa.

Lacan, Jaques (1978), *La familia*. Buenos Aires: Editorial Argonauta (142 pp).

Laing, R.D. (1969), *El cuestionamiento de la familia* (Trad. del inglés: The Politics of the Family and Other Essays). Barcelona: Paidos (147 pp).

—— y Esterson, A. (1979), *Cordura, locura y familia: Familias de esquizofrénicos* (Trad. del inglés: Sanity, Madness and the Family). México: Fondo de Cultura Económica (232 pp).

Lemaire, Jean (1980), *Terapias de pareja*, (Trad. del francés Les therapies du couple). Buenos Aires: Amorrortu Editores (214 pp).

Liberman, Robert P. y otros (1987), *Manual de terapia de pareja. Un enfoque positivo para ayudar a las relaciones con problemas*, 2ª ed. (Trad. del inglés: Handbook of Marital Therapy). Bilbao: Editorial Desclée de Brouwer (221 pp., más *Cuaderno de trabajo del cliente*).

Lilienfeld, Robert (1984), *Teoría de sistemas: Orígenes y aplicaciones en ciencias sociales* (Trad. del inglés: The Rise of Systems Theory, An Ideological Analysis). México: Trillas (342 pp).

Linares, Juan Luis (1996), *Identidad y narrativa. La terapia familiar en la práctica clínica*. Barcelona: Paidós (207 pp).

————. (2002), *Del abuso y otros desmanes. El maltrato familiar, entre la terapia y el control.* Barcelona: Paidós (230 pp).

———— y Campo, Carmen (2000), *Tras la honorable fachada. Los trastornos depresivos desde una perspectiva relacional.* Barcelona: Paidós (262 pp).

Madanes, Cloé (1982), *Terapia familiar estratégica* (Trad. del inglés: Strategic Family Therapy). Buenos Aires: Amorrortu Editores (204 pp).

————. (1993), *Sexo, amor y violencia. Estrategias de transformación* (Trad. del inglés: Sex, Love and Violence, Strategies for Transformation). Barcelona: Paidós (244 pp).

Malacrea, Marinella (2002), *Trauma y reparación. El tratamiento del abuso sexual en la infancia* (Trad. del italiano: Trauma e riparazione). Barcelona: Paidós (254 pp).

Maldonado, Jorge E. (1996), *Aun en la mejores familias: La familia de Jesús y otras familias de la Biblia parecidas a las nuestras.* Buenos Aires/Grand Rapids: Nueva Creación/Eerdmans/Libros Desafío-1999 (93 pp).

————. (2002), *Crisis, pérdidas y consolación en la familia.* Grand Rapids: Libros Desafío (86 pp).

Manciaux, Michel, compilador (2003), *La resiliencia: Resistir y rehacerse* (Trad. del francés: La resilience. Résister et se construire). Barcelona: Gedisa (318 pp).

Mariano, John (1966), *El divorcio y la separación. El abogado como «psicoterapeuta»* (Trad. del inglés: The Use of Psychotherapy in Divorce and Separation Cases). Buenos Aires: Paidós (181 pp).

Martin, Peter A. (1976), *Manual de Terapia de Parejas* (Trad. del inglés: A Marital Therapy Manual). Buenos Aires: Amorrortu Editores (191 pp).

Maturana, Humberto (1994), *El sentido de lo humano.* Santiago-Chile: Ediciones Dolmen (309 pp).

———— y VARELA, Francisco (1984), *El árbol del conocimiento. Las bases biológicas del entendimiento humano.* Santiago-Chile: Editorial Universitaria (172 pp).

McGoldrick, Monica y Gerson, Randy (1987), *Genogramas en la evaluación personal* (Trad. del inglés: Genograms in Family Assessment). Barcelona: Gedisa (195 pp).

McNamee, Sheila y Gergen, Keneth J. (1996), *La terapia como construcción social,* (Traducción del inglés: Therapy as Social Construction). Barcelona: Paidós (277 pp).

Minuchin, Salvador (1979), *Familias y terapia familiar* (Trad. del inglés: Families and Family Therapy). Barcelona: Gedisa (349 pp).

———. (1985), *Calidoscopio familiar. Imágenes de violencia y curación* (Trad. del inglés: Family Kaleidoscope). Barcelona: Paidós (220 pp).

——— y Fishman, H. Charles (1984), *Técnicas de terapia familiar* (Trad. del inglés: Family Therapy Techniques). Buenos Aires: Paidós (286 pp).

——— y Nichols, Michael P. (1994), *La recuperación de la familia. Relatos de esperanza y renovación* (Trad. del inglés: Family Healing). Barcelona: Paidós (307 pp).

Napier, Augustus con Whitaker, Carl A. (1982), *El crisol de la familia* (Trad. del inglés: The Family Crucible). Buenos Aires: Amorrortu Editores (313 pp).

Nardone, Giorgio y Watzlawick, Paul (1992), *El arte del cambio. Manual de terapia estratégica e hipnoterapia sin trance* (Trad. del italiano: L' arte del cambiamento). Barcelona: Editorial Herder (206 pp).

Navarro Góngora, José (1992), *Técnicas y programas en terapia familiar.* Barcelona: Paidós (329 pp).

——— y Beyebach, Mark (1995), *Avances en terapia familiar sistémica.* Barcelona: Paidós (336 pp).

——— y Pereira Miragaia, José. (2000), *Parejas en situaciones especiales.* Barcelona: Paidós (268 pp).

Neill, John R. y Kirskern, David P., *Carl Whitaker, de la psique al sistema: Jalones en la evolución de una terapia.* Buenos Aires: Amorrortu Editores.

Neimeyer, Robert A. y Mahoney, M.J., comps. (1998), *Constructivismo en psicoterapia* (Trad. del inglés: Constructivism in Psychotherapy). Barcelona: Paidós (411 pp).

——— y Mahoney, M.J., *Constructivismo en psicoterapia.* Barcelona: Paidós.

O'Hanlon, B., *Desarrollar Posibilidades.* Barcelona: Paidós.

O'Hanlon, William Hudson (1993), *Raíces profundas. Principios básicos de la terapia y de la hipnosis de Milton Erickson* (Trad. del inglés: Taproots. Underlying Principles of Milton Erickson's Therapy and Hypnosis). Barcelona: Paidós (190 pp).

—— y Weiner-Davis, Michele (1990), *En busca de soluciones: un nuevo enfoque en psicoterapia* (Trad. del inglés: <u>In Search of Solutions</u>). Barcelona: Paidós (205 pp).

Onnis, Luigi (1990), *Terapia familiar de los trastornos psicosomáticos* (Trad. del italiano: <u>Corpo e contesto. Terapia familiare dei distubi psicosomatici</u>). Barcelona: Paidós (143 pp).

Papp, Peggy (1991), *El proceso de cambio* (Trad. del inglés: <u>The Process of Change</u>). Barcelona: Paidós (259 pp).

Perez, Joseph (1979), *Terapia familiar en el trabajo social. Teoría y práctica* (Trad. del inglés: <u>Family Counseling, Theory and Practice</u>). México: Editorial Pax-México (255 pp).

Perrone, Reynaldo y Nannini, Martine (1998), *Violencia y abusos sexuales en la familia. Un abordaje sistémico y comunicacional* (Trad. del francés: <u>Violence et abus sexuel dans la famille</u>). Buenos Aires: Paidós (173).

Pincus, Lily y Dare, Christopher (1982), *Secretos en la familia* (Trad. del inglés: <u>Secrets in the Family</u>). Santiago-Chile: Editorial Cuatro Vientos (161 pp).

Pittman III, Frank S. (1990), *Momentos decisivos. Tratamiento de familias en situaciones de crisis* (Trad. del inglés <u>Turning Points. Treating Families in Transitions and Crisis</u>). Buenos Aires: Paidós (448 pp).

——. (1994), *Mentiras privadas. La infidelidad y la traición de la intimidad* (Trad. del inglés: <u>Infidelity and the Betrayal of Intimacy</u>). Buenos Aires: Amorrortu Editores (296 pp).

Prata, Giuliana (1993), *Un arpón sistémico para juegos familiares. Intervenciones preventivas en terapia* (Trad. del inglés: <u>A Systemic Harpoon into Family Games</u>). Buenos Aires: Amorrortu Editores (179 pp).

Pueste Silva, Federico y otros (1979), *La familia ante el problema de las drogas*. México: Centro Mexicano de Estudios en Salud Mental (131 pp).

Ramos, Ricardo (2001), *Narrativas contadas, narrativas vividas*. Barcelona: Paidós (187 pp).

Ravazzola, María Cristina (1999), *Historias infames: Los maltratos en las relaciones*. Buenos Aires: Paidós (278 pp).

Rausch Herscovici, Cecile y Bay, Luisa (2000), *Anorexia nerviosa y bulimia. Amenazas a la autonomía*. Buenos Aires: Paidós (198 pp).

Ricci Bitti, Pio E. y Cortesi, Santa (1980), *Comportamiento no verbal y comunicación* (Trad. del italiano: Comportamento non verbale e comunicazione). Barcelona: Editorial Gustavo Gili, S. A. (204 pp).

Rojas de González, Nelly, *Conflictos de pareja y de familia. Un nuevo enfoque terapéutico*. Bogotá: U.J. Publicaciones (188 pp).

Rolland, John S. (2000), *Familias, enfermedad y discapacidad. Una propuesta desde la terapia sistémica* (Trad. del inglés: Families, Illness and Disability). Barcelona: Gedisa (415 pp).

Rosen, Sidney (1991), *Mi voz irá contigo. Los cuentos didácticos de Milton H. Erickson* (Trad. del inglés: My Voice Will Go with You. The Teaching Tales of Milton H. Erickson). Barcelona: Paidós (229 pp).

Rubin, Jeffrey y Rubin, Carol (1990), *Cuando las familias se pelean. Cómo resolver los conflictos con los seres más queridos* (Trad. del inglés: When Families Fight: How to Handle Conflict with Those You Love). México: Paidós (295 pp).

Ruesch, Jurgen (1980), *Comunicación terapéutica* (Trad. del inglés: Therapeutic Communication). Buenos Aires: Paidós (399 pp).

Rutledge, Aaron L. (1975), *El equilibrio de la pareja. Manual de orientación pre-matrimonial* (Trad. del inglés: Pre-Marital Counseling). Buenos Aires: Ediciones Marymar (422 pp).

Sager, Clifford (1980), *Contrato matrimonial y terapia de pareja* (Trad. del inglés: Marriage Contract and Family Therapy). Buenos Aires: Amorrortu Editores (331 pp).

Santi, W. y otros, *Herramientas para psicoterapeutas,* Barcelona: Paidós.

Sarmiento, María Inés (1985), *Psicoprofilaxis familiar.* Bogotá: Ediciones Universidad Santo Tomás (666 pp).

Satir, Virginia (1979), *El contacto íntimo. Cómo relacionarse con uno mismo y con los demás* (Trad. del inglés: Making Contact). México: Editorial Concepto (94 pp).

———. (1980), *Psicoterapia familiar conjunta* (Trad. del inglés: Conjoint Family Therapy). México: La Prensa Médica Mexicana (233 pp).

———. (1991), *Nuevas relaciones humanas en el núcleo familiar* (Trad. del inglés: The New Peoplemaking). México: Editorial Pax-México (403 pp).

——— y Baldwin, Michele (1995), *Terapia familiar paso a paso* (Trad. del inglés: Satir Step by Step). México: Editorial Pax-México (273 pp).

Segal, Lynn (1994), *Soñar la realidad. El constructivismo de Heinz von Foerster* (Trad. del Inglés: The Dream of Reality. Heinz von Foerster's Constructivism). Barcelona: Paidós (224 pp).

Selekman, Matthew, *Abrir caminos para el cambio. Soluciones de terapia breve para adolescentes con problemas*. Barcelona: Gedisa (192 pp).

Selvini, Mateo (1990), *Crónica de una investigación. La evolución de la terapia familiar en la obra de Mara Selvini-Palazzoli* (Trad. del italiano). Barcelona: Paidós.

Selvini-Palazzoli, Mara, *Muchachas anoréxicas y bulímicas*. Barcelona: Paidós.

——— y otros (1982), *Paradoja y contraparadoja. Un nuevo modelo en la terapia de la familia a transacción esquizofrénica*. Buenos Aires: Editorial A.C.E. (167 pp).

——— y otros (1990), *Los juegos psicóticos en la familia* (Trad. del italiano: Il giochi psicotici nella famiglia). Buenos Aires: Paidós (288 pp).

Shazer, Steve de (1986), *Claves para la solución en terapia breve* (Trad. del inglés: Keys to Solution in Brief Therapy). Buenos Aires: Paidós (190 pp).

———. (1987), *Pautas de terapia familiar breve. Un enfoque ecosistémico* (Trad. del inglés: Patterns of Brief Family Therapy). Buenos Aires: Paidós.

———. *Claves en psicoterapia breve. Una teoría de la solución*. Barcelona: Gedisa (224 pp).

———. *En un origen las palabras eran magia*. Barcelona: Gedisa (336 pp).

Skynner, Robin y Cleese, John (1990), *Relaciones familiares: Cómo salir bien librado* (Trad. del inglés: Families and How to Survive Them). México: Editorial Pax-México (334 pp).

Sluzki, Carlos E. (comp.) (1975), *Psicopatología y psicoterapia de la pareja*. Buenos Aires: Ediciones Nueva Visión (122 pp).

———. (1996), *La red social: Frontera de la práctica sistémica*. Barcelona: Gedisa (159 pp).

Small, Leonard, *Psicoterapias breves*. Barcelona: Gedisa.

Soifer, Raquel (1980), *Psicodinamismos de la familia con niños. Terapia familiar con técnicas de juego*. Buenos Aires: Editorial Kapelusz (197 pp).

Speck, Ross y Attneave, Carolyn (1973), *Redes familiares* (Trad. del inglés: Family Networks). Buenos Aires: Amorrortu Editores (157 pp).

Spier, Anny (1978), *Psicoterapia dinámica de la pareja. Un enfoque elaborativo-dinámico-interaccional.* Buenos Aires: Editorial Psique (139 pp).

———. (1983), *Psicoterapia del grupo familiar. Un enfoque elaborativo-dinámico-interaccional.* Buenos Aires: Editorial Psique (277 pp).

———. (1986), *Silvina, Psicoterapia familiar en un caso de anorexia nerviosa.* Buenos Aires: Ediciones Nueva Visión (142 pp).

Springer, S.P. y Deutsch G. (1984), *Cerebro izquierdo, Cerebro derecho* (Trad. del inglés: Left Brain, Right Brain). Barcelona: Gedisa (235 pp).

Stanton, M. Duncan; Todd, Thomas C. y otros (1999), *Terapia familiar del abuso y adicción a las drogas* (Trad. del inglés: The Family Therapy of Drug Abuse and Addiction). Barcelona: Gedisa (363 pp).

Stienglass, Peter y otros (1989), *La familia alcohólica,* (Trad. del inglés: The Alcoholic Family). Barcelona: Gedisa (349 pp).

Stierlin, Helm (1979), *Psicoanálisis y terapia de familia* (Trad. del alemán). Barcelona: Icaria (272 pp).

———; Rucker, Ingeborb; Wetzel, Norbert (1981), *Terapia de familia* (Trad. del alemán: Das Erste Familiengesprach). Barcelona: Gedisa (316 pp).

——— y Weber, G., *¿Qué hay detrás de la puerta de la familia? Llaves sistémicas para la apertura, comprensión y tratamiento de la anorexia nerviosa.* Barcelona: Gedisa (224 pp).

Stierling, Simon y Wynne (1988), *Vocabulario de terapia familiar* (Trad. del inglés: The Language of Family Therapy). Barcelona: Gedisa (460 pp).

Teruel T., Guillermo (1974), *Diagnóstico y tratamiento de parejas en conflicto: Psicopatología del proceso matrimonial.* Buenos Aires: Paidós (127 pp).

Tournier, Paul (1970), *La armonía conyugal.* Buenos Aires: Editorial La Aurora (67 pp).

Ugazio, Valeria (2001), *Historias permitidas, historias prohibidas. Polaridad semántica familiar y psicopedagogía* (Trad. del italiano: Storie permesse, storie proibite). Barcelona: Paidós (261 pp).

VanistendaelL, Stefan y Lecomte, Jacques, *La felicidad es posible* (Trad. del francés: Le bonheur est toujours possible, construire la résilience). Barcelona: Gedisa (192 pp).

Varela, von Foster y Watzlawick, *La realidad inventada*. Barcelona: Gedisa.

Veron, Eliseo y Sluzki, Carlos (1985), *Comunicación y neurosis*. Buenos Aires: Amorrortu Editores.

Von Foerster, Heinz (1996), *Las semillas de la cibernética. Obras escogidas* (Trad. del inglés: varias fuentes). Barcelona: Gedisa.(221 pp).

Walrond-Skinner, Sue (1978), *Terapia familiar* (Trad. del inglés: Family Therapy). Buenos Aires: Editorial Crea (212 pp).

―――― editora (1982), *Psicoterapia de la familia y de la pareja* (Trad. del inglés: Family and Marital Psychotherapy). Barcelona: Ediciones Toray (263 pp).

Walters, M.; Carter B. y otros (1991), *La red invisible. Pautas vinculadas al género en las relaciones familiares* (Trad. del inglés: The Invisible Web). Buenos Aires: Paidós (457 pp).

Watzlawick, Paul, *El lenguaje del cambio* (Trad. del alemán *Die Möglichkeit des Andersseins*). Barcelona: Editorial Herder (170 pp).

―――― . (1981), *¿Es real la realidad?* (Trad. del alemán: Wie Wirklich ist die Wirklichkeit?). Barcelona: Editorial Herder (272 pp).

―――― . (1985), *El arte de amargarse la vida* (Trad. del alemán: Anleitung zum Ungluecklichsein). Barcelona: Editorial Herder (139 pp).

―――― Beavin, Helmick J. y Jackson, Donald (1981), *Teoría de la comunicación humana*, 2ª ed. (Trad. del inglés: Pragmatics of Human Communication). Barcelona: Editorial Herder (260 pp).

―――― y Krieg, Peter, *El ojo del observador*. Barcelona: Gedisa (264 pp).

―――― y Nardone, Giorgio, comps. (2000), *Terapia breve estratégica. Pasos hacia un cambio de percepción de la realidad* (Trad. del italiano: Terapia breve strategica). Barcelona: Paidós (240 pp).

―――― Weakland, John y Fish, Richard (1982), *Cambio* (Trad. del inglés: Change: Principles of Problem Formation and Problem Resolution). Barcelona: Editorial Herder (194 pp).

——— y otros, *La realidad inventada*. Barcelona: Gedisa (288 pp).

Whitaker, Carl y colaboradores (1975), *Psicoterapia de los pacientes esquizofrénicos crónicos* (Trad. del inglés de la Conferencia en Sea Island, Georgia en 1955). Ediciones CEPE, Buenos Aires (238 pp).

——— y Bumberry, William M. (1990), *Danzando con la familia. Un enfoque simbólico experiencial* (Trad. del inglés <u>Dancing with the Family</u>), Paidós, Buenos Aires (227 pp).

———. (1992), *Meditaciones nocturnas de un terapeuta de familias*, (Trad. del inglés <u>Midnight Nursings of a Family Therapist</u>), Ediciones Paidós, Barcelona.

White, Michael (1994), *Guías para una terapia familiar sistémica* (Trad. del inglés <u>Selected Papers</u>), Gedisa, Barcelona (236 pp).

———. (2002), *Reescribir la vida. Entrevistas y ensayos* (Trad. del inglés: <u>Re-Authoring Lives. Interviews & Essays</u>). Barcelona: Gedisa (221 pp).

———. (2002), *El enfoque narrativo en la experiencia de los terapeutas* (Trad. del inglés: <u>Narratives of Therapists' Lives</u>). Barcelona: Gedisa (286 pp).

——— y Epston David (1993), *Medios narrativos para fines terapéuticos* (Trad. del inglés: <u>Narrative Means to Therapic Ends</u>). Barcelona: Paidós (222 pp).

Willi, Jürg (1978), *La pareja humana: Relación y conflicto* (Trad. del alemán <u>Die Zweier-Beziehung</u>). Madrid: Ediciones Morata (319 pp).

Winkin, Yves (1984), *La nueva comunicación* (Trad. del francés: <u>La nouvelle communication</u>), Editorial Kairós, Barcelona (378 pp).

Yorburg, Betty (1985), *Futuro de la familia* (Trad. del inglés: <u>Families and Societies, Survival or Extinction?</u>). México: Edamex (263 pp).

Zeig, Jeffrey K. (1985), *Un seminario didáctico con Milton H. Erickson* (Trad. del inglés: <u>A Teaching Seminar with Milton H. Erickson</u>). Buenos Aires: Amorrortu Editores (296 pp).

———. y Gilligan Stephen G., comps. (1994), *Terapia breve. Mitos, métodos y metáforas* (Trad. del inglés: <u>Myths, Methods, and Metaphors</u>). Buenos Aires: Amorrortu Editores (552 pp).

Zuk, Gerald H. (1982), *Psicoterapia familiar: Un enfoque triádico* (Trad. del inglés: <u>Family Therapy: A Triadic-Based Approach</u>). México: Fondo de Cultura Económica (315 pp).

Revistas:

Terapia Familiar, Estructura, Patología y Terapéutica del grupo Familiar. Publicación semestral, fundada en 1978. Casilla de Correos 94, Suc. 28, Buenos Aires, Argentina.

Sistemas Familiares y *otros sistemas humanos*, Publicación de la Asociación de Psicoterapia Sistémica de Buenos Aires (ASIBA). Revista cuatrimestral fundada en 1985. Avenida Pueyrredón 1051, 3º «D», 1118, Buenos Aires, Argentina. Sistemasfamiliares@ciudad.com.ar

LaVergne, TN USA
02 April 2011
222546LV00001B/28/P